甘肃省统计局甘肃省人口普查重大招标课题：

甘肃省人力资源结构、质量及人力资本动态研究

西北师范大学青年文丛

甘肃省人力资源结构、质量及人力资本动态研究

刘敏　吴思◎著

中国社会科学出版社

图书在版编目（CIP）数据

甘肃省人力资源结构、质量及人力资本动态研究／刘敏，吴思著.—北京：中国社会科学出版社，2017.7

（西北师范大学青年文丛）

ISBN 978-7-5203-0741-3

Ⅰ.①甘… Ⅱ.①刘…②吴… Ⅲ.①劳动力资源-资源管理-研究-甘肃 Ⅳ.①F249.274.2

中国版本图书馆CIP数据核字(2017)第174300号

出 版 人 赵剑英
责任编辑 王 茵
责任校对 胡新芳
责任印制 王 超

出 版 中国社会科学出版社
社 址 北京鼓楼西大街甲158号
邮 编 100720
网 址 http://www.csspw.cn
发 行 部 010-84083685
门 市 部 010-84029450
经 销 新华书店及其他书店

印 刷 北京明恒达印务有限公司
装 订 廊坊市广阳区广增装订厂
版 次 2017年7月第1版
印 次 2017年7月第1次印刷

开 本 710×1000 1/16
印 张 13
插 页 2
字 数 201千字
定 价 56.00元

凡购买中国社会科学出版社图书，如有质量问题请与本社营销中心联系调换
电话：010-84083683

前　言

随着经济的快速发展，人的作用越来越重要。人力资源是一国经济发展的源泉，在推动经济增长的过程中起着至关重要的作用。人力资源结构、质量，人力资本投资、投入产出比较、人力资本对经济增长的动态影响等问题是社会、经济领域研究的重要问题。近几年来，世界人口总数不断增加，但人力资源的供给却呈现出短缺趋势。这种趋势从根本上来说主要是由以下几个方面导致。

首先，人力资源总量减少。全球范围内普遍出现了人力资源总量减少的现象。以西欧为例，15—64 岁的人力资源总量自 2010 年开始逐渐回落。20—39 岁的中低龄人力资源数量更是从 1995 年开始就逐渐减少。西欧如此，中国这个人口大国也开始受到人力资源总量减少的困扰。从中国人民大学人口预测课题组提供的数据来看，中国从 2017 年开始将出现劳动力数量的负增长，这意味着中国即将跨越“刘易斯拐点”，步入人力资源短缺阶段。2032 年左右，中国将面临人口总数的负增长，将加剧人力资源总量的供给短缺。

其次，老龄化趋势加剧。随着生活质量的提高和医疗技术的不断进步，人类的寿命越来越长。中国政府自 1979 年开始实行的计划生育政策又大大降低了近几十年以来的生育率。长寿和低生育率使得中国人力资源结构中老龄化趋势加剧。中国 60 岁以上和 65 岁以上的老年人口总数自 2005 年开始一直上涨，未来这种上涨趋势更加明显，这使得我国劳动力供给数量明显减少。人口老龄化引发了劳动力的老龄化，加大了老年人在劳动力中的比重，也给经济增长带了一系列的负面影响，如劳动生产率降低、年轻劳动力资源紧缺、政府负担加重等。

最后，人力资源的质量有待提高。我国虽然是人力资源大国，但不是人力资源强国，优秀人才在人力资源当中所占的比重很小。产业结构调整和企业升级使得企业的用人标准提高，一方面教育资源的滞后使得企业很难招聘到与职位相匹配的劳动力，另一方面为数不多的高科技创新型人才又得不到充分利用。

人力资源短缺的现状不容乐观，如果从数量和质量上均得不到改善，将给经济增长带来严峻的后果。因此，研究人力资源的结构改善及人力资源质量的提升尤为重要。利用人口普查数据，揭示甘肃省人力资源结构与质量的动态变化趋势、人力资本对经济发展的作用是本书的主要目的。本书通过对甘肃省“五普”、“六普”人口数据加工、整理，对比分析了甘肃省“五普”、“六普”人力资源结构、质量及变化特征；退休人力资源数量、结构及变化趋势，提出退休人力资源开发政策建议；分析了科技创新人才资源现状、工作成果及激励问题；计算了甘肃省人力资本对经济增长的弹性，得出甘肃省人力资源供给总量减少，中老年人力资源数量持续增加，人力资源质量有所提高、科技创新人才资源激励不足，人力资本弹性略有增加、有待提高等主要研究结论。

本书由西北师范大学商学院的刘敏教授主导研究工作，撰写书稿大纲，并撰写了第一章、第二章、第三章、第七章的内容，兰州石化职业技术学院的吴思编写了第四章、第五章、第六章的内容。全书由刘敏统稿并审定。

由于我们水平有限，疏漏之处在所难免，欢迎各位读者批评与指正。

目　录

第一章

人力资源面临的挑战

一　人力资源界定

人力资源，又称劳动力资源或劳动力，是指能够推动整个经济和社会发展、具有劳动能力的人口总和。

通常来说，人力资源的数量为具有劳动能力的人口数量，其质量指经济活动人口具有的体质、文化知识和劳动技能水平。一定数量的人力资源是社会生产必要的先决条件。一般说来，充足的人力资源有利于生产的发展，但仅有数量不足以支撑经济发展。在现代科学技术飞跃发展的情况下，经济发展主要靠经济活动人口素质的提高，随着生产中广泛应用现代科学技术，人力资源的质量在经济发展中起着越来越重要的作用。

劳动能力主要包括体力和智力。如果从现实的应用形态来看，则包括体质、智力、知识和技能四个方面。具有劳动能力的人，不是泛指一切具有一定的脑力和体力的人，而是指能独立参加社会劳动、推动整个经济和社会发展的人。所以，人力资源既包括劳动年龄内具有劳动能力的人口，也包括劳动年龄外参加社会劳动的人口。

关于劳动年龄，由于各国的社会经济条件不同，劳动年龄的规定也不尽相同。一般国家把劳动年龄的下限规定为 15 岁，上限规定为 64 岁。我国招收员工规定一般要年满 16 周岁，员工退休年龄规定为男性 60 周岁（到 60 岁退休，不包括 60 岁），女性55周岁（不包括55岁），所以我国劳动年龄区间为男性16—59岁、女性16—54岁，本书以此年龄区间统计人力资源数量。

关于人力资源质量评价与计量，目前学术界并未达成共识，利用平均受教育年限、人力资本计量人力资源异质性等观点并存。本书从受教育年限、科技人力资源数量及工作成果、人力资本等不同方面指标反映甘肃省人力资源质量与人力资本异质性。

二　21世纪人力资源面临的挑战

（一）"刘易斯拐点"引发人力资源供给总量逐步下降

西欧15—64岁劳动年龄人口在2013年左右开始下降，中国自2017年开始劳动年龄人口增加额为负值。图1—1、图1—2是西欧与中国劳动人口变化趋势预测。

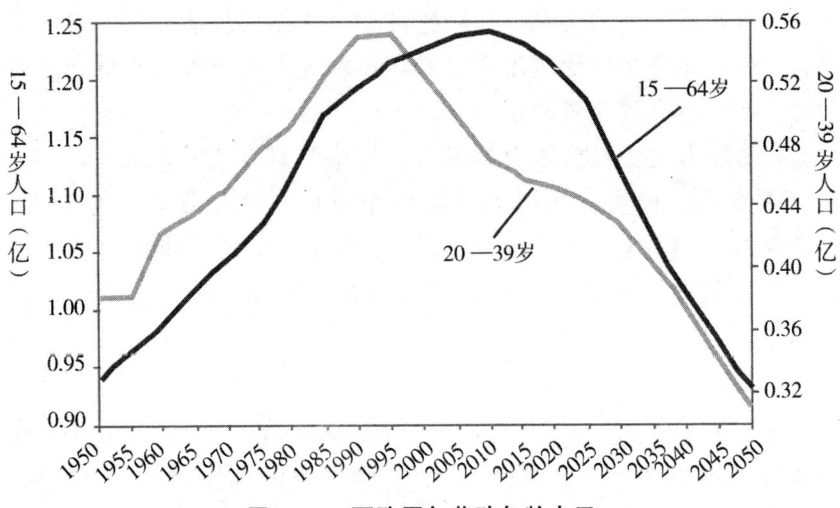

图1—1　西欧历年劳动年龄人口

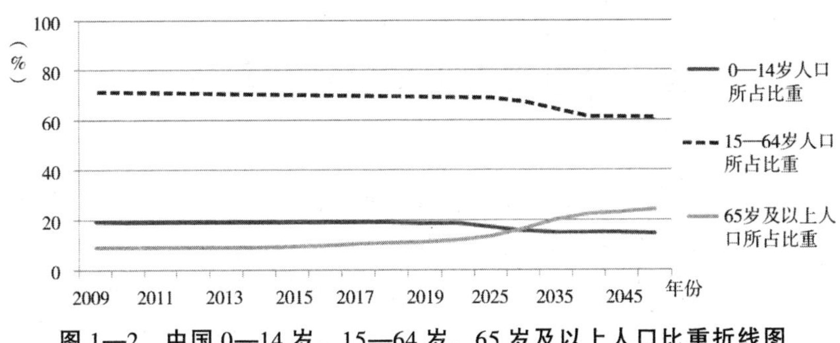

图 1—2　中国 0—14 岁、15—64 岁、65 岁及以上人口比重折线图

（二）人力资源复杂化、多样化、多元化

（1）积极价值观与信仰缺失；

（2）世界五百强优秀员工标准激励作用下降；

（3）自身需求多样化：想要的太多；

（4）心理与行为易受环境影响：浮躁；

（5）对传统人力资源管理理念产生质疑：企业忠诚度、爱岗敬业、任劳任怨等。

三　挑战给人力资源管理带来的影响

（1）人力资源招聘难、留人难；

（2）低端工资有持续增长要求：用人难；

（3）工资上涨常态化：激励难；

（4）产业结构调整、企业升级：人才标准提高，育才难；

（5）生产流程中机械化、自动化程度将明显提高：育才难，人才标准提高。

深刻认识人力资源面临的挑战以及给管理工作带来的影响，客观分析甘肃省人力资源数量、结构、质量以及甘肃省人力资本对经济增长的弹性，对甘肃省社会与经济发展极为重要。

四 甘肃省人力资源结构与质量

人力资源数量反映了人力资源量的规模，它是指一个国家或地区拥有劳动能力的人口的数量。结构是人力资源内部特征的重要指标。人力资源质量一定程度上可通过受教育程度及人力资本反映。科技人力资源数量及工作成果一方面反映科技进步，另一方面也能说明人力资源结构与质量。甘肃省人力资源结构与质量分析主要包括以下几个方面。

（一）人力资源数量分析

人力资源规划对人力资源数量的分析，重点在于探求现有的人力资源数量是否与甘肃省的发展相匹配，也就是检查现有的人力资源数量是否符合甘肃省经济发展需要。

（二）人力资源结构分析

1. 年龄结构分析

按年龄段分析人力资源的年龄结构，统计全省人力资源的年龄情况，确定人力资源年龄分布，可预测人力资源结构变动趋势。

2. 学历结构

分析现有人力资源的受教育程度反映人力资源工作知识和工作能力，一定程度上反映人力资源质量。

3. 行业结构分析

通过统计分析甘肃省人力资源行业分布情况，揭示人力资源的各行业分布特征及行业人力资源质量。

4. 性别结构

人力资源性别结构反映人力资源性别数量与质量差异，预测性别不均衡产生的一系列问题。

5. 地域与民族分布

人力资源地域与民族分布反映经济及文化发展的地域与民族差异。

本书通过收集整理甘肃省经济发展相关资料，解读、分析了甘肃省第五次人口普查（以下简称“五普”）、第六次人口普查（以下简称“六普”）数据，描述甘肃省人力资源数量、性别、学历、职称、专业、地域分布、民族分布、产业分布等结构状态及动态变化，计算分析了甘肃省人力资本对经济增长的弹性。

（三）甘肃省人力资源质量分析

（1）平均受教育年限；

（2）科技人力资源数量及工作成果；

（3）人力资本及对经济增长的弹性。

第二章

第五次人口普查人力资源结构

我国于2000年11月1日进行了第五次全国人口普查的登记工作，2010年11月1日0时为标准时点进行了第六次全国人口普查。依据人口普查数据及相关统计年鉴数据对甘肃省人力资源结构进行深入分析，对甘肃省预测人力资源变动趋势、有效开展人力资源管理工作极有帮助。

人力资源指在一个国家或地区中，处于劳动年龄、未到劳动年龄和超过劳动年龄但具有劳动能力的人口之和。根据《中华人民共和国劳动法》、《中华人民共和国劳动合同法》、《中华人民共和国就业促进法》以及相关法律法规：法定劳动年龄指年满16周岁至退休年龄。退休年龄一般指男性60周岁、女性55周岁。所以选取16—59岁男性和16—54岁女性总数为甘肃省人力资源总量。由于第五次人口普查资料中，有些项目的年龄分段是15—59岁，分析时剔除了15岁的人口数量得出16—59岁人力资源数量。行业人力资源由于统计资料所限，未考虑有劳动能力但未就业人员数量，直接利用就业人员作为行业人力资源计算分析依据。

一 "五普"甘肃省人力资源数量、性别、年龄

表2—1及图2—1显示："五普"时期，甘肃省人力资源25—29岁、30—34岁、35—39岁三个年龄段的人数居多，分别占甘肃省人力资源总数的16.52%、18.65%和14.16%，总和约占甘肃省

人力资源总数的50%。这说明“五普”时期甘肃省人力资源具有一定的年龄优势，青壮年是人力资源的中坚力量，虽然就业竞争压力大，但对经济发展的贡献很大。

16—19岁、20—24岁这两个年龄段的人数比例为10.10%和10.92%，两个年龄段人力资源数量相当，侧面反映出我国计划生育政策实施到20世纪90年代以来人口增长趋于平稳。而45—49岁人力资源人数所占比例为9.62%，高于40—44岁所占比例8.72%，是新中国成立初期战后生育恢复引发的第一次人口生育高峰所致。由于疾病、衰老以及工作能力的限制等问题，处于50—54岁和55—59岁这两个年龄段的人力资源人数在总人数中所占比例较少，分别为7.93%和3.39%，这部分人力资源虽不是甘肃省人力资源的主要组成部分，但他们积累了丰富的工作经验和生活经验，在社会工作的各个领域内都有无可替代的作用。

图2—2显示：甘肃省人力资源性别结构中男女比例分别为53.26%和46.74%，男性多于女性，男女性别比约为113.9∶100（女性人力资源为100），高于同期人口性别比。同期，甘肃省人口性别构成中，男性为13020007人，占51.83%；女性为12101184人，占48.17%，性别比为107.59∶100（女性人口为100），与正常值104∶100—107∶100有偏离。

图2—3显示：男性人力资源的年龄结构分布与人力资源总数的年龄结构分布大致相似，25—29岁、30—34岁、35—39岁这三个年龄段的人数居多，分别占甘肃省男性人力资源总数的15.84%、18.00%和13.78%；其次是16—19岁和20—24岁这两个年龄段，分别占9.9%和10.52%；再次是40—44岁和45—49岁这两个年龄段，分别占8.63%和9.34%，占比较少的是50—54岁和55—59岁年龄段，分别占7.63%和6.36%，55—59岁年龄段占比高于总体上此年龄段所占比例。

图2—4显示：女性人力资源的年龄结构分布与人力资源总数的年龄结构分布也基本一致，处在25—29岁、30—34岁、35—39岁这三个年龄段的人数居多，分别占甘肃省女性人力资源总数的17.29%、19.39%和14.58%。其中30—34岁年龄段的比例19.39%

明显高于男性人力资源年龄结构中30—34岁年龄段所占比例18.00%。而16—19岁和20—24岁这两个年龄段，分别占10.33%和11.37%，与其在男性人力资源年龄结构中的比例稍高。其次是40—44岁和45—49岁这两个年龄段分别占8.82%和9.95%，与其在男性人力资源年龄结构中的比例相当。人数最少的是50—54岁年龄段，所占比例为8.27%。

通过SPSS软件对甘肃省人力资源年龄结构、甘肃省男性人力资源年龄结构以及甘肃省女性人力资源年龄结构分别进行F检验，得出F检验直方图［见图2—1（b）、图2—3（b）、图2—4（b）］，由图得知，“五普”时期，甘肃省人力资源年龄结构、甘肃省男性人力资源年龄结构以及甘肃省女性人力资源年龄结构基本符合正态分布，说明“五普”甘肃省人力资源年龄结构基本合理。

表2—1　**“五普”甘肃省人力资源数量及年龄、性别结构**

年龄	总计		男		女	
	人力资源数（人）	比例（%）	人力资源数（人）	比例（%）	人力资源数（人）	比例（%）
16—19岁	1539778	10.10	803556	9.90	736222	10.33
20—24岁	1664357	10.92	854377	10.52	809980	11.37
25—29岁	2518918	16.52	1286625	15.84	1232293	17.29
30—34岁	2843623	18.65	1461544	18.00	1382079	19.39
35—39岁	2158426	14.16	1119268	13.78	1039158	14.58
40—44岁	1329051	8.72	700528	8.63	628523	8.82
45—49岁	1467014	9.62	758033	9.34	708981	9.95
50—54岁	1209580	7.93	619915	7.63	589665	8.27
55—59岁	516286	3.39	516286	6.36		
总计	15247033	100	8120132	100	7126901	100

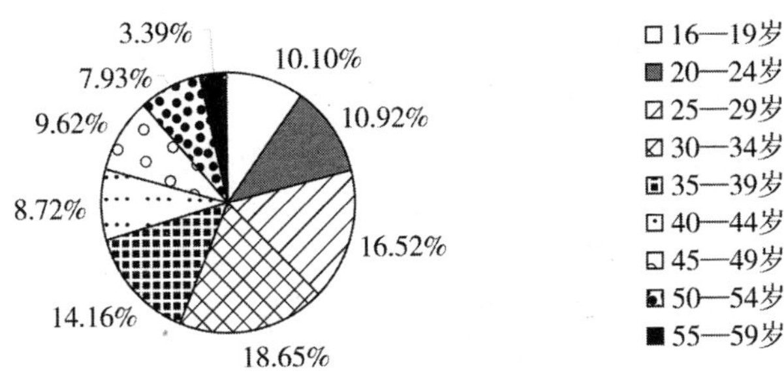

（a）年龄结构

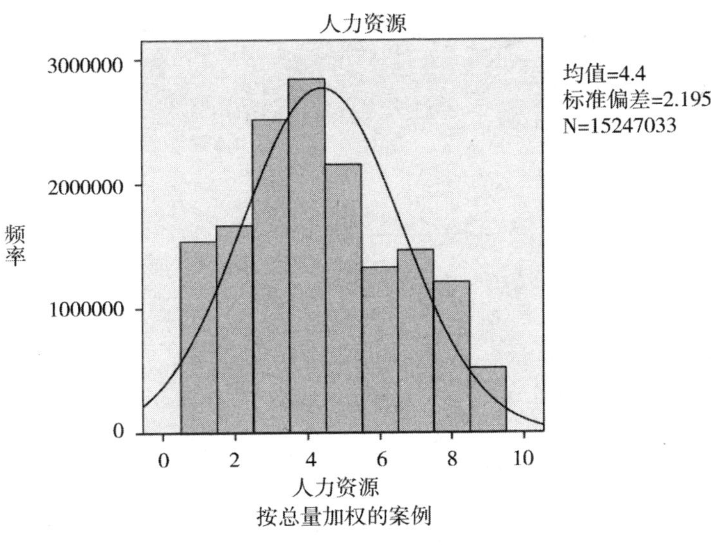

（b）F 检验直方图

图 2—1　“五普”甘肃省人力资源年龄结构

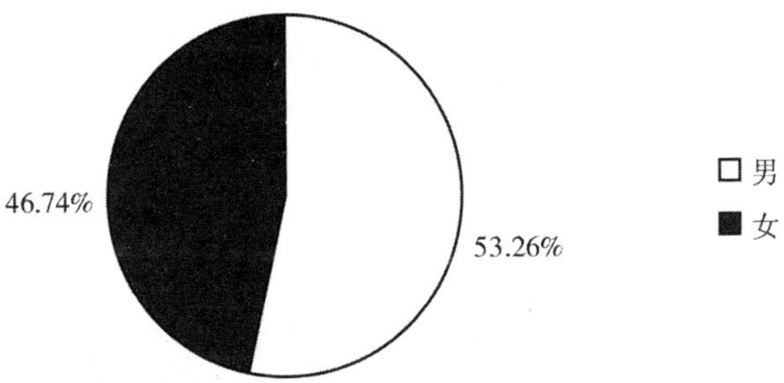

图 2—2　“五普”甘肃省人力资源性别结构

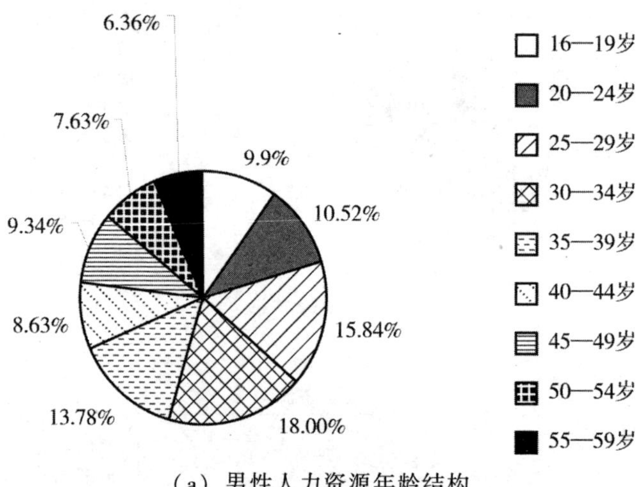

（a）男性人力资源年龄结构

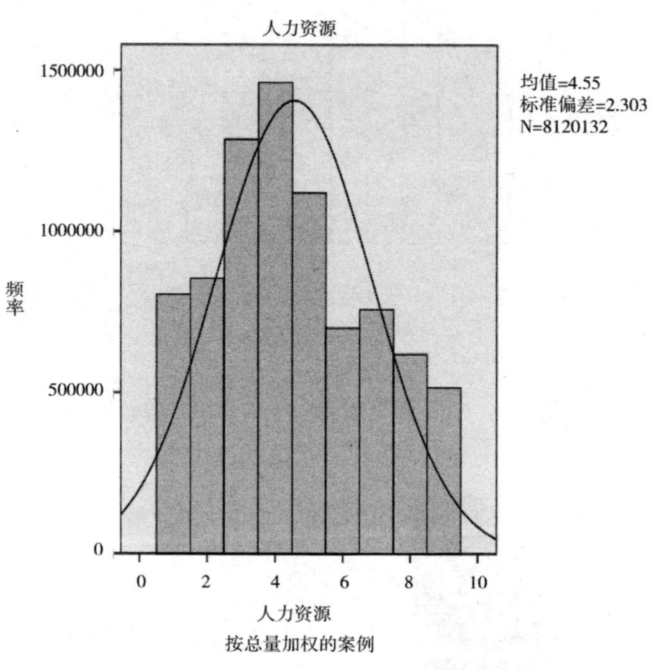

（b）男性人力资源年龄结构下 F 检验直方图

图 2—3 “五普”甘肃省男性人力资源年龄结构

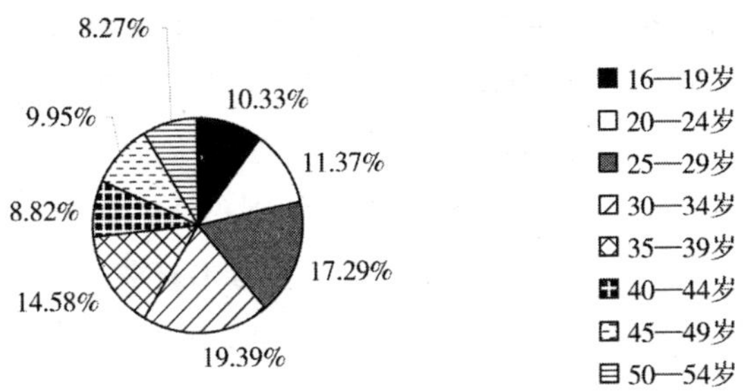

（a）女性人力资源年龄结构

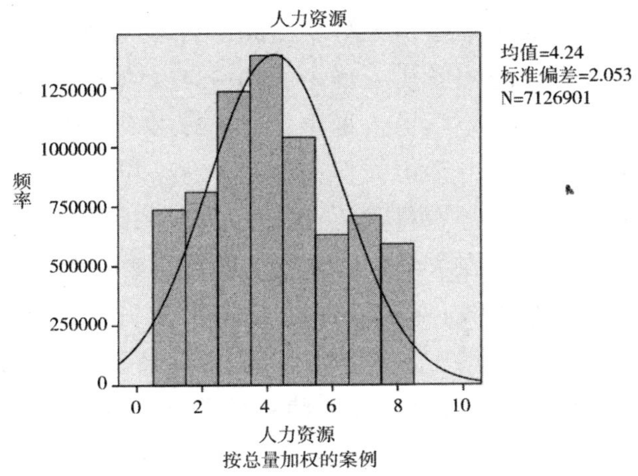

（b）女性人力资源年龄结构下F检验直方图

图2—4　“五普”甘肃省女性人力资源年龄结构

二　“五普”甘肃省人力资源学历结构

由于“五普”资料中的年龄分段为15—19岁，根据甘肃省15岁人口数占甘肃省总人口的比例乘以甘肃省受教育总人口得出15岁受教育人口，进行相应剔除，得出16—19岁人力资源受教育人数。

从“五普”甘肃省人力资源受教育情况来看，平均受教育年限6.73年。小学学历以上人群，学历越高人数越少，其中初中学历和小学学历人口最多，人数分别为 4879360 人和 4815826 人，分别占 32.00%和 31.59%；高中学历人口数为 1722023 人，占 11.29%；中专学历人口数为 611239 人，占 4.01%；大学专科和本科学历人口数分别为 448862 人和 175505 人，分别占 2.94%和 1.15%；研究生学历比例较小，人口数为 8593 人，占 0.056%。而未上过学人数及只参加过扫盲班的人数较多，分别为 2109495 人和 476130 人，分别占总人数的 13.84%和 3.12%。具体见表 2—2、图 2—5。

在未上过学的人群中，50—54 岁年龄段所占比例最大，为 2.48%；仅参加过扫盲班的人群中，45—49 岁年龄段所占比例最大，为 0.64%；在小学学历人群中，30—34 岁年龄段所占比例最大，为 6.65%；在初中学历人群中，30—34 岁年龄段所占比例最大，为 6.35%；在高中学历人群中，35—39 岁年龄段所占比例最大，为 2.30%；在中专学历人群中，20—24 岁年龄段所占比例最大，为 0.80%；在大学专科学历人群中，25—29 岁年龄段所占比例最大，为 0.69%；在大学本科学历人群中，20—24 岁年龄段所占比例最大，为 0.29%；在研究生学历人群中，25—29 岁及 35—39 岁年龄段所占比例最大，均为 0.013%（见表 2—3）。总体上看，年龄越小，受教育程度越高，表明随着经济发展水平的提高，甘肃省人力资源受教育程度也在提高。

表 2—2 **“五普”甘肃省人力资源分年龄受教育程度** （单位：人）

学历 年龄	总计	未上过学	扫盲班	小学	初中	高中	中专	大学专科	大学本科	研究生
16—19 岁	1539778	77319	9012	336422	704509	257921	120131	17172	17254	38
20—24 岁	1664357	133022	20932	421563	662696	179794	122104	78921	43896	1429
25—29 岁	2518618	256849	50994	778683	955338	230310	113748	104471	26196	2029
30—34 岁	2843623	319940	71339	1014616	968341	257603	82975	94806	32232	1771
35—39 岁	2158416	240869	58088	624977	722370	350752	61574	71077	26658	2051
40—44 岁	1329361	226563	61777	392377	302518	268559	35103	33471	8416	577

续表

年龄＼学历	总计	未上过学	扫盲班	小学	初中	高中	中专	大学专科	大学本科	研究生
45—49 岁	1467014	364094	96965	540936	285952	108408	34583	27745	7985	346
50—54 岁	1209580	378332	81834	488678	170310	43597	25705	14853	6081	190
55—59 岁	516286	112507	25189	217574	107326	25079	15316	6346	6787	162
总计	15247033	2109495	476130	4815826	4879360	1722023	611239	448862	175505	8593

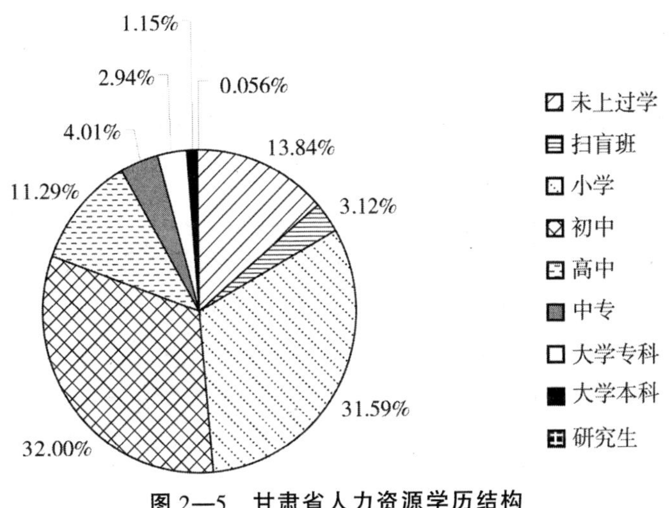

图 2—5　甘肃省人力资源学历结构

表 2—3　“五普”甘肃省人力资源分年龄受教育人数占人力资源总量的百分比　（单位：%）

年龄＼学历	总计	未上过学	扫盲班	小学	初中	高中	中专	大学专科	大学本科	研究生
16—19 岁	10.10	0.51	0.06	2.21	4.62	1.69	0.79	0.11	0.11	0.000
20—24 岁	10.92	0.87	0.14	2.76	4.35	1.18	0.80	0.52	0.29	0.009
25—29 岁	16.52	1.68	0.33	5.11	6.27	1.51	0.75	0.69	0.17	0.013
30—34 岁	18.65	2.10	0.47	6.65	6.35	1.69	0.54	0.62	0.21	0.012

续表

年龄＼学历	总计	未上过学	扫盲班	小学	初中	高中	中专	大学专科	大学本科	研究生
35—39岁	14.16	1.58	0.38	4.10	4.74	2.30	0.40	0.47	0.17	0.013
40—44岁	8.72	1.49	0.41	2.57	1.98	1.76	0.23	0.22	0.06	0.004
45—49岁	9.62	2.39	0.64	3.55	1.88	0.71	0.23	0.18	0.05	0.002
50—54岁	7.93	2.48	0.54	3.21	1.12	0.29	0.17	0.10	0.04	0.001
55—59岁	3.39	0.74	0.17	1.43	0.70	0.16	0.10	0.04	0.04	0.001
总计	100	13.84	3.12	31.59	32.00	11.29	4.01	2.94	1.15	0.056

虽然受教育状况在不断提高，但“五普”期间，甘肃省人力资源总体受教育水平仍然偏低。在人力资源总人数中，所占比例最大的是30—34岁年龄段，其受教育程度主要为小学和初中，这表明甘肃省九年义务教育普及程度偏低，很大一部分青年人没有达到高中文化水平。而研究生比例很低，仅为0.056%，表明甘肃省高学历人才匮乏。高中、中专、大学本科学历人力资源比率偏低，15年后，这一人群的年龄应是45—49岁，是人力资源的中坚力量，而受教育程度低意味着在技术创新以及应对新技术挑战方面处于劣势，这也许是甘肃省科技创新成果较少的重要原因之一。

三 “五普”甘肃省人力资源地区结构

由于“五普”资料的地区年龄划分为15—64岁，剔除15岁、60—64岁全体人员以及55—59岁女性人员，最后得出甘肃省各地区人力资源总量。

由表2—4、图2—6可知，兰州市人力资源数最多，约占13.77%，其次是天水市占12.32%，定西市及陇南市均占10%左右，庆阳市占9.32%，金昌市、嘉峪关市最少，分别占1.94%和0.73%。

表 2—4　　**“五普”甘肃省人力资源地区分布**

地区	人力资源总量（人）	比例（%）
兰州市	2048759	13.77
嘉峪关市	109347	0.73
金昌市	288386	1.94
白银市	989170	6.65
天水市	1833110	12.32
酒泉市	618534	4.16
张掖市	777265	5.22
武威市	1081291	7.27
定西市	1620623	10.89
陇南市	1516831	10.19
平凉市	1195691	8.04
庆阳市	1387219	9.32
临夏回族自治州	1045709	7.03
甘南藏族自治州	367876	2.47
总计	14879811	100

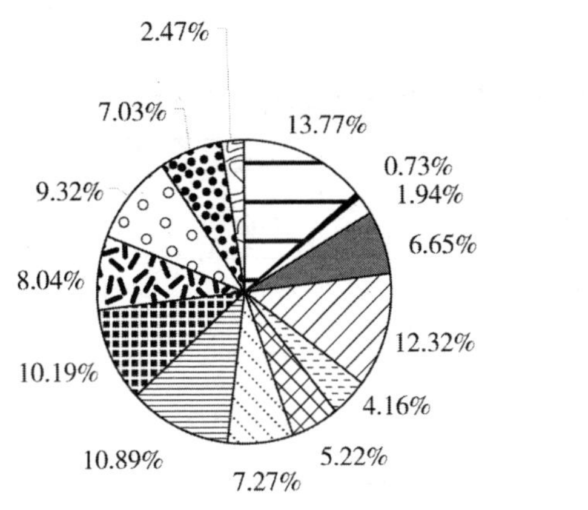

图 2—6　甘肃省人力资源地区结构

分析结论：甘肃地理位置居于中国大陆区域中心，自然生态环境恶劣，是历史上游牧民族向农耕民族过渡的区域。农牧业资源具有相对竞争优势，工业发展基础较弱，拥有的重工业基础是国家“一五”和“二五”社会经济发展规划中布局的战略行业和战略性资源行业，吸纳人力资源的第三产业不发达，人力资源分布受经济发展影响极不均衡。人力资源过度集中于经济相对发达和机会较多的地区，如兰州市和天水市人力资源总比例占甘肃省人力资源总量的1/4，造成人力资源分布拥挤于经济发达的城市和气候良好、适宜居住的城市，带来城市住房、交通等一系列问题。金昌市和嘉峪关市人力资源总量最少，与其气候干燥、生态资源缺乏、经济发展水平较低有关。庆阳市、平凉市、酒泉市等地区人力资源所占比例在4%—10%不等，总体上与当地经济发展水平相对应。

四　“五普”甘肃省人力资源民族结构

由于甘肃省民族分布较多，且较多少数民族人力资源数量过少，根据“五普”资料对被调查人数大于1万人的民族进行单独统计，小于1万人的民族合并统计结果如表2—5、表2—6、图2—7所示。

表2—5　　**“五普”甘肃省人力资源分年龄民族结构**　　（单位：人）

年龄＼民族	总计	汉族	蒙古族	回族	藏族	满族
16—19岁	1539778	1388480	1006	77683	32130	1272
20—24岁	1664357	1474733	1435	94896	40861	1299
25—29岁	2518918	2295258	1898	120348	45618	1272
30—34岁	2843623	2620846	1917	124973	42222	1583
35—39岁	2158426	1994809	1538	91703	31244	1777
40—44岁	1329051	1237328	989	53768	16232	1452

续表

民族 年龄	总计	汉族	蒙古族	回族	藏族	满族
45—49 岁	1467014	1365565	1050	58772	20012	1191
50—54 岁	1209580	1113609	793	55477	18295	698
55—59 岁	516286	475710	236	23318	777	308
总计	15247033	13966338	10862	700938	247391	10852

民族 年龄	东乡族	土族	撒拉族	保安族	裕固族	其他民族
16—19 岁	32832	2312	833	953	785	1492
20—24 岁	42799	2689	1060	1266	1080	2239
25—29 岁	45647	3156	1223	1526	1398	1574
30—34 岁	43226	3022	1078	1439	1578	1739
35—39 岁	30903	2160	707	967	1203	1415
40—44 岁	15209	1417	412	617	628	999
45—49 岁	16415	1385	359	642	758	865
50—54 岁	17279	1147	401	611	549	721
55—59 岁	7588	419	192	219	222	7297
总计	251898	17707	6265	8240	8201	18341

表 2—6　**“五普”甘肃省人力资源分年龄民族占人力资源总量的百分比**　（单位：%）

民族 年龄	总计	汉族	蒙古族	回族	藏族	满族	东乡族	土族	撒拉族	保安族	裕固族	其他民族
16—19 岁	10. 10	9. 11	0. 01	0. 51	0. 21	0. 01	0. 22	0. 02	0. 01	0. 01	0. 01	0. 01
20—24 岁	10. 92	9. 67	0. 01	0. 62	0. 27	0. 01	0. 28	0. 02	0. 01	0. 01	0. 01	0. 01
25—29 岁	16. 52	15. 05	0. 01	0. 79	0. 30	0. 01	0. 30	0. 02	0. 01	0. 01	0. 01	0. 01
30—34 岁	18. 65	17. 19	0. 01	0. 82	0. 28	0. 01	0. 28	0. 02	0. 01	0. 01	0. 01	0. 01
35—39 岁	14. 16	13. 08	0. 01	0. 60	0. 20	0. 01	0. 20	0. 01	0. 00	0. 01	0. 01	0. 01

续表

年龄＼民族	总计	汉族	蒙古族	回族	藏族	满族	东乡族	土族	撒拉族	保安族	裕固族	其他民族
40—44岁	8.72	8.12	0.01	0.35	0.11	0.01	0.10	0.01	0.00	0.00	0.00	0.01
45—49岁	9.62	8.96	0.01	0.39	0.13	0.01	0.11	0.01	0.00	0.00	0.00	0.01
50—54岁	7.93	7.30	0.01	0.36	0.12	0.00	0.11	0.01	0.00	0.00	0.00	0.00
55—59岁	3.39	3.12	0.00	0.15	0.01	0.00	0.05	0.00	0.00	0.00	0.00	0.05
总计	100	91.60	0.07	4.60	1.62	0.07	1.65	0.12	0.04	0.05	0.05	0.12

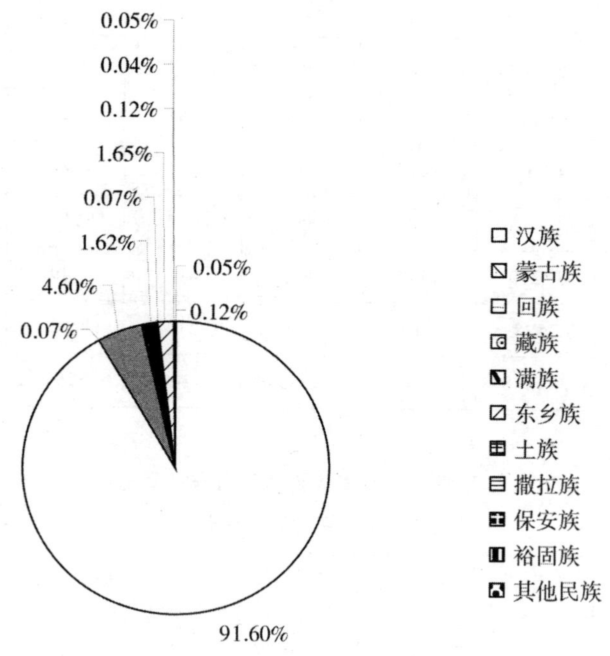

图 2—7　甘肃省人力资源民族结构

表2—5、表2—6及图2—7显示：汉族占人力资源总数的绝大部分，约占91.60%，其次是回族占4.60%，藏族和东乡族约占1.6%左右，其他民族所占比重较少。在汉族人力资源中，30—34岁年龄段所占比例最大，为17.19%；在回族人力资源中，也是

30—34 岁年龄段所占比例最大，为 0.82%；藏族和东乡族人力资源人群中，25—29 岁年龄段所占比例最大，均为 0.30%。

甘肃省是少数民族分布最多的省份，有 54 个少数民族，东乡、保安、裕固族是甘肃省特有的少数民族，回族是人力资源最多的少数民族，“其他民族”中包括哈萨克族、彝族、维吾尔族、苗族、朝鲜族等，人力资源总量占比 0.12%。多民族融合的多元化人力资源背景为企业及各类组织人力资源管理带来了挑战。

五　“五普”甘肃省人力资源中分年龄、行业的就业人员结构

由于“五普”该项资料中的年龄分段为 15—19 岁，采取和学历结构同样的方法对各行业 15 岁就业人员进行剔除，并按照普查比例 10% 进行了由样本到总体的换算，得出结果如表 2—7、表 2—8。

表 2—7　**“五普”甘肃省就业人员分年龄、行业的数量**　（单位：人）

行业 年龄	总计	第一产业	第二产业				
		农林牧渔业	采掘业	制造业	电力、燃气及水的生产和供应业	建筑业	地质勘探、水利管理业
16—19 岁	837677	739723	2757	23368	935	8923	351
20—24 岁	1274850	978470	13530	62650	8490	20750	2230
25—29 岁	2270380	1684440	29430	132640	49970	35260	5530
30—34 岁	2515960	1997250	29560	148830	17240	39980	5690
35—39 岁	1997910	1489130	22740	116000	13580	33970	5480
40—44 岁	1216670	900020	13680	74240	10260	21460	3970
45—49 岁	1302400	1039030	15810	66520	8490	16430	3300
50—54 岁	994180	855660	9010	31260	3590	8310	1490
55—59 岁	426010	366440	1640	9860	1210	3290	850
总计	12836037	10050163	138157	665368	113765	188373	28891

续表

行业 年龄	第三产业									
	交通运输、仓储、邮电通信业	批发零售贸易、餐饮业	金融保险业	房地产业	社会服务业	卫生、体育和社会福利业	教育、文化艺术及广播电影电视业	科学研究和综合技术服务业	国家机关、党政机关和社会团体	其他行业
16—19岁	8260	28599	633	214	11933	1578	7052	195	2883	273
20—24岁	23880	60220	5980	1370	22990	11410	35400	1960	23450	2070
25—29岁	48350	102140	14880	2760	31340	22300	54360	5080	47010	4890
30—34岁	54300	108470	17060	3050	2980	20850	7240	6490	51870	5100
35—39岁	47630	89190	14610	3220	23050	18870	53080	7490	54190	5680
40—44岁	28210	48190	6800	2510	15510	12160	35410	5130	35450	3670
45—49岁	19330	35460	4590	1700	11260	12070	30030	4880	30070	3430
50—54岁	8210	18140	2210	610	5420	7470	19560	2220	19140	1880
55—59岁	2630	7810	1080	230	2540	3910	10870	1230	11680	740
总计	240800	498219	67843	15664	127023	110618	253002	34675	275743	27733

表2—8 **“五普”甘肃省就业人员分年龄、行业占人力资源总量的百分比** （单位：%）

行业 年龄	总计	第一产业	第二产业				
		农林牧渔业	采掘业	制造业	电力、燃气及水的生产和供应业	建筑业	地质勘探、水利管理业
16—19岁	5.47	4.85	0.02	0.15	0.01	0.06	0.00
20—24岁	8.36	6.42	0.09	0.41	0.06	0.14	0.01
25—29岁	14.69	11.05	0.19	0.87	0.33	0.23	0.04
30—34岁	17.01	13.10	0.19	0.98	0.11	0.26	0.04

续表

年龄＼行业	总计	第一产业	第二产业				
		农林牧渔业	采掘业	制造业	电力、燃气及水的生产和供应业	建筑业	地质勘探、水利管理业
35—39岁	13.10	9.77	0.15	0.76	0.09	0.22	0.04
40—44岁	7.98	5.90	0.09	0.49	0.07	0.14	0.03
45—49岁	8.55	6.81	0.10	0.44	0.06	0.11	0.02
50—54岁	0.65	5.61	0.06	0.21	0.02	0.05	0.01
55—59岁	2.79	2.40	0.01	0.06	0.01	0.02	0.01
总计	78.61	65.92	0.91	4.36	0.75	1.24	0.19

年龄＼行业	第三产业									
	交通运输仓储、邮电通信业	批发零售贸易、餐饮业	金融保险业	房地产业	社会服务业	卫生、体育和社会福利业	教育、文化艺术及广播电影电视业	科学研究和综合技术服务业	国家机关、党政机关和社会团体	其他行业
16—19岁	0.05	0.19	0.00	0.00	0.08	0.01	0.05	0.00	0.02	0.00
20—24岁	0.16	0.39	0.04	0.01	0.15	0.07	0.23	0.01	0.15	0.01
25—29岁	0.32	0.67	0.10	0.02	0.21	0.15	0.36	0.03	0.31	0.03
30—34岁	0.36	0.71	0.11	0.02	0.02	0.14	0.05	0.04	0.34	0.03
35—39岁	0.31	0.58	0.10	0.02	0.15	0.12	0.35	0.05	0.36	0.04
40—44岁	0.19	0.32	0.04	0.02	0.10	0.08	0.23	0.03	0.23	0.02
45—49岁	0.13	0.23	0.03	0.01	0.07	0.08	0.20	0.03	0.20	0.02
50—54岁	0.05	0.12	0.01	0.00	0.04	0.05	0.13	0.01	0.13	0.01
55—59岁	0.02	0.05	0.01	0.00	0.02	0.03	0.07	0.01	0.08	0.00
总计	1.58	3.27	0.44	0.10	0.83	0.73	1.66	0.23	1.81	0.18

由图 2—8 可以看出，甘肃省就业人员的人力资源总量中，分布在第一产业即农林牧渔业的人数最多，占人力资源总数的 65.92%，占总就业人数的 78%；分布在第二产业即采掘业，制造业，电力、燃气及水的生产和供应业，建筑业，地质勘探、水利管理业的人数最少，占人力资源总数的 7.45%，占总就业人数的 9%；其余 13%分布在第三产业，即交通运输、仓储、邮电通信业，批发零售贸易、餐饮业，金融保险业，房地产业，社会服务业，卫生、体育和社会福利业，教育、文化艺术及广播电影电视业，科学研究和综合技术服务业，国家机关、党政机关和社会团体等行业。图 2—8 中资料表明甘肃省第二、第三产业比重偏小，第一产业比重偏大，经济发展程度较低。这也反映出甘肃省总体的产业结构，即以农业为基础，以制造业和批发零售业为导向的产业结构，而从事其他产业的人力资源相对偏少。

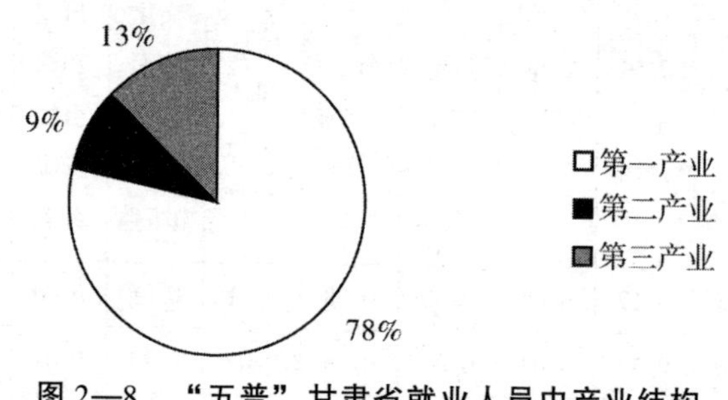

图 2—8 “五普”甘肃省就业人员中产业结构

由图 2—9 可以看出，分布在第二产业的就业人员的人力资源总量中，制造业所占比例最大，为 58%；其次是建筑业，占 17%；采掘业占 12%；电力、燃气及水的生产和供应业占 10%；地质勘探、水利管理业最少，占 3%。这表明甘肃省第二产业的发展仍以制造业为主。

由图 2—10 可以看出，分布在第三产业的就业人员的人力资源总量中，批发零售贸易、餐饮业所占比例最大，占 29%；其次是国家机关、党政机关和社会团体，交通运输、仓储、邮电通信业，教育、文化艺术及广播电影电视业，分别占比为 17%、15%和 15%，其他行业均所占比例较小。

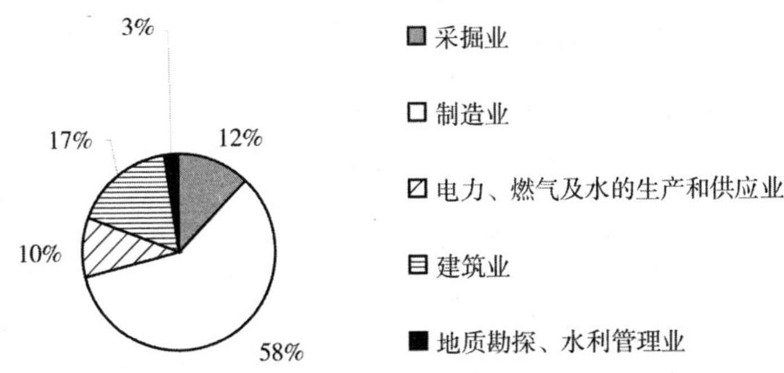

图 2—9　“五普”甘肃省就业人员第二产业结构

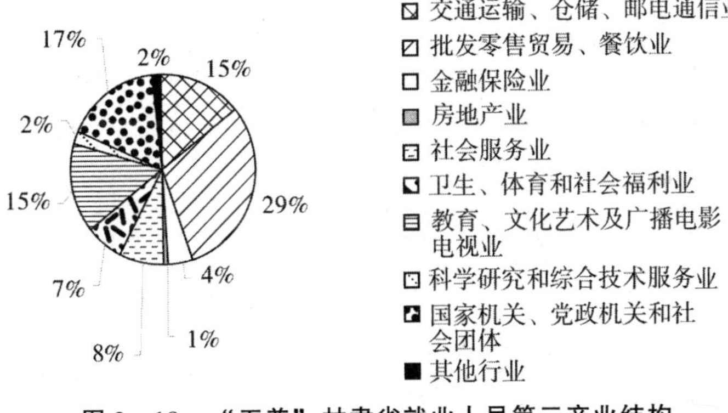

图 2—10　“五普”甘肃省就业人员第三产业结构

六　“五普”甘肃省人力资源中分年龄、行业的男性就业人员结构

甘肃省人力资源中的男性就业人员总量计算方法和甘肃省人力资源中就业人员计算方法一样。

由表 2—9、表 2—10、图 2—11 到图 2—13 可知，甘肃省男性人力资源的就业人员中，农林牧渔业最多，占男性人力资源总数的 63.95%，占男性就业人员的 75%。其次是第二产业中的制造业和第三产业中的批发零售业，分别占男性人力资源总数的4.93%和3.16%；而第二产业中的电力、燃气及水的生产和供应业，地质勘探、水利管理业以及第三产业中的金融保险业，社会服务业，卫生、体育和社会福利业，科学研究和综合技术服务业所占比例都较小，不足1%。房地产业所占比重最小，占男性人力资源总数的0.11%。

表2—9 **“五普”甘肃省男性就业人员分年龄、行业的数量**（单位：人）

行业 年龄	总计	第一产业	第二产业				
		农林牧渔业	采掘业	制造业	电力、燃气及水的生产和供应业	建筑业	地质勘探、水利管理业
16—19岁	393318	347743	1818	9538	662	7487	242
20—24岁	651640	489110	10030	33680	5010	17700	1420
25—29岁	1166740	837330	20930	75870	12440	29190	3560
30—34岁	1351000	991420	21290	84920	10680	32980	3950
35—39岁	1051970	739770	17180	65520	8420	27010	3950
40—44岁	664200	460000	10920	45470	6720	16750	2850
45—49岁	713190	519840	14210	48470	6410	14210	2880
50—54岁	554370	441180	8380	27120	3290	7830	1400
55—59岁	426010	366440	1640	9860	1210	3290	850
总计	6972438	5192833	106398	400448	54842	156447	21102

行业 年龄	第三产业									
	交通运输、仓储、邮电通信业	批发零售贸易、餐饮业	金融保险业	房地产业	社会服务业	卫生、体育和社会福利业	教育、文化艺术及广播电影电视业	科学研究和综合技术服务业	国家机关、党政机关和社会团体	其他行业
16—19岁	3991	13352	280	140	3077	392	2396	112	1911	177

续表

行业 年龄	第三产业									
	交通运输、仓储、邮电通信业	批发零售贸易、餐饮业	金融保险业	房地产业	社会服务业	卫生、体育和社会福利业	教育、文化艺术及广播电影电视业	科学研究和综合技术服务业	国家机关、党政机关和社会团体	其他行业
20—24 岁	17800	27380	2870	710	9190	3600	16070	1180	14560	1330
25—29 岁	37360	50150	7630	1470	15380	9270	28730	3050	31260	3120
30—34 岁	41040	53110	9320	1540	15100	9360	32080	4040	36990	3180
35—39 岁	35120	44960	8290	1750	11720	7510	33170	4550	39410	3640
40—44 岁	21050	25650	4330	1540	7680	5170	24460	3060	26030	2520
45—49 岁	16920	21530	3200	1220	6800	6030	21900	3110	23820	2640
50—54 岁	7670	12760	1700	520	4010	5130	14070	1710	16040	1560
55—59 岁	2630	7810	1080	230	2540	3910	10870	1230	11680	740
总计	183581	256702	38700	9120	75497	50372	183746	22042	201701	18907

表 2—10　**"五普"甘肃省男性就业人员分年龄、行业占男性人力资源总量的百分比**　（单位：%）

行业 年龄	总计	第一产业	第二产业				
		农林牧渔业	采掘业	制造业	电力、燃气及水的生产和供应业	建筑业	地质勘探、水利管理业
16—19 岁	4.84	4.28	0.02	0.12	0.01	0.09	0.00
20—24 岁	8.02	6.02	0.12	0.41	0.06	0.22	0.02
25—29 岁	14.37	10.31	0.26	0.93	0.15	0.36	0.04
30—34 岁	16.64	12.21	0.26	1.05	0.13	0.41	0.05
35—39 岁	12.96	9.11	0.21	0.81	0.10	0.33	0.05

续表

行业 / 年龄	总计	第一产业	第二产业				
		农林牧渔业	采掘业	制造业	电力、燃气及水的生产和供应业	建筑业	地质勘探、水利管理业
40—44岁	8.18	5.66	0.13	0.56	0.08	0.21	0.04
45—49岁	8.78	6.40	0.17	0.60	0.08	0.17	0.04
50—54岁	6.83	5.43	0.10	0.33	0.04	0.09	0.02
55—59岁	5.25	4.51	0.02	0.12	0.01	0.04	0.01
总计	85.87	63.95	1.31	4.93	0.68	1.92	0.26

行业 / 年龄	第三产业									
	交通运输、仓储、邮电通信业	批发零售贸易、餐饮业	金融保险业	房地产业	社会服务业	卫生、体育和社会福利业	教育、文化艺术及广播电影电视业	科学研究和综合技术服务业	国家机关、党政机关和社会团体	其他行业
16—19岁	0.05	0.16	0.00	0.00	0.04	0.00	0.03	0.00	0.02	0.00
20—24岁	0.22	0.34	0.04	0.01	0.11	0.04	0.20	0.01	0.18	0.02
25—29岁	0.46	0.62	0.09	0.02	0.19	0.11	0.35	0.04	0.38	0.04
30—34岁	0.51	0.65	0.11	0.02	0.19	0.12	0.40	0.05	0.46	0.04
35—39岁	0.43	0.55	0.10	0.02	0.14	0.09	0.41	0.06	0.49	0.04
40—44岁	0.26	0.32	0.05	0.02	0.09	0.06	0.30	0.04	0.32	0.03
45—49岁	0.21	0.27	0.04	0.02	0.08	0.07	0.27	0.04	0.29	0.03
50—54岁	0.09	0.16	0.02	0.01	0.05	0.06	0.17	0.02	0.20	0.02
55—59岁	0.03	0.09	0.01	0.00	0.03	0.05	0.13	0.02	0.14	0.01
总计	2.26	3.16	0.48	0.11	0.93	0.62	2.26	0.27	2.48	0.23

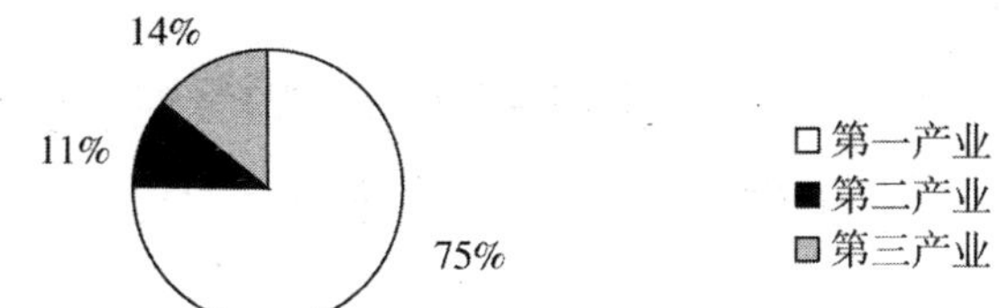

图 2—11　“五普”甘肃省男性就业人员产业结构

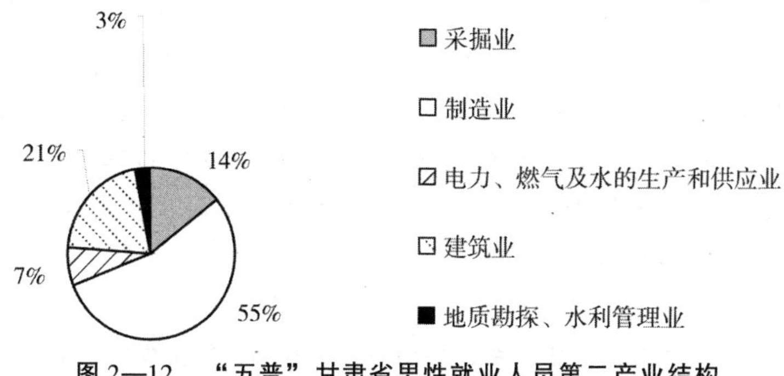

图 2—12　“五普”甘肃省男性就业人员第二产业结构

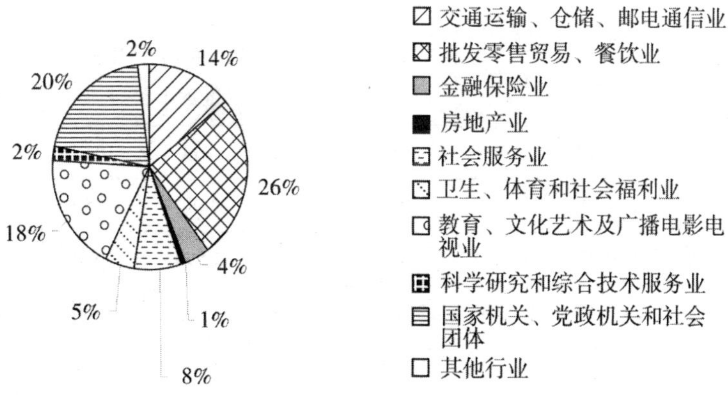

图 2—13　“五普”甘肃省男性就业人员中第三产业结构

甘肃省男性人力资源就业人员中从事的产业分布和甘肃省人力资源总体产业分布相似，从事农林牧渔业的居多，其次是制造业和批发零售业。

七 “五普”甘肃省人力资源中分年龄、行业的女性就业人员结构

甘肃省人力资源中的女性就业人员总量计算方法和甘肃省人力资源中就业人员计算方法一样。

由表2—11、表2—12、图2—14到图2—16可知，甘肃省女性人力资源在就业人员中，农林牧渔业最多，占女性人力资源总数的67.739%，占女性就业人员总数的82.17%；其次是制造业和批发零售业，分别占女性人力资源总数的3.704%和3.373%，占就业人员总数的4.49%和4.09%，房地产业所占比重最小，占女性人力资源总数的0.092%。

表2—11 **“五普”甘肃省女性就业人员分年龄、行业数量** （单位：人）

行业 年龄	总计	第一产业	第二产业				
		农林牧渔业	采掘业	制造业	电力、燃气及水的生产和供应业	建筑业	地质勘探、水利管理业
16—19岁	407988	362344	825	12902	234	1060	94
20—24岁	623210	489360	3500	28970	3480	3050	810
25—29岁	1073640	847110	8500	56770	7530	6070	1970
30—34岁	1241760	1005830	8270	63910	6560	7000	1740
35—39岁	945940	749360	5560	50480	5160	6960	1530
40—44岁	552470	440020	2760	28770	3540	4710	1120
45—49岁	589810	519190	1600	18050	2080	2220	420
50—54岁	439810	414480	630	4140	300	480	90
总计	5874628	4827694	31645	263992	28884	31550	7774

续表

行业 年龄	第三产业									
	交通运输、仓储、邮电通信业	批发零售贸易、餐饮业	金融保险业	房地产业	社会服务业	卫生、体育和社会福利业	教育、文化艺术及广播电影电视业	科学研究和综合技术服务业	国家机关、党政机关和社会团体	其他行业
16—19岁	1125	14102	328	66	8392	1125	4379	75	853	84
20—24岁	6080	32840	3110	660	13800	7810	19330	780	8890	740
25—29岁	10990	51990	7250	1290	15960	13030	25630	2030	15750	1770
30—34岁	13260	55360	7740	1510	14680	11490	25160	2450	14880	1920
35—39岁	12510	44230	6320	1470	11330	11360	19910	2940	14780	2040
40—44岁	7160	22540	2470	970	7830	6990	10950	2070	9420	1150
45—49岁	3010	13930	1390	480	4460	6040	8130	1770	6250	790
50—54岁	540	5380	510	90	1410	2340	5490	510	3100	320
总计	54675	240372	29118	6536	77862	60185	118979	12625	73923	8814

表2—12　**“五普”甘肃省女性就业人员分年龄、行业占女性人力资源总量的百分比**　（单位：%）

行业 年龄	总计	第一产业	第二产业				
		农林牧渔业	采掘业	制造业	电力、燃气及水的生产和供应业	建筑业	地质勘探、水利管理业
16—19岁	5.725	5.084	0.012	0.181	0.003	0.015	0.001
20—24岁	8.744	6.866	0.049	0.406	0.049	0.043	0.011
25—29岁	15.065	11.886	0.119	0.797	0.106	0.085	0.028
30—34岁	17.424	14.113	0.116	0.897	0.092	0.098	0.024

续表

行业/年龄	总计	第一产业	第二产业				
		农林牧渔业	采掘业	制造业	电力、燃气及水的生产和供应业	建筑业	地质勘探、水利管理业
35—39岁	13.273	10.515	0.078	0.708	0.072	0.098	0.021
40—44岁	7.752	6.174	0.039	0.404	0.050	0.066	0.016
45—49岁	8.276	7.285	0.022	0.253	0.029	0.031	0.006
50—54岁	6.171	5.816	0.009	0.058	0.004	0.007	0.001
总计	82.429	67.739	0.444	3.704	0.405	0.443	0.109

行业/年龄	第三产业									
	交通运输、仓储、邮电通信业	批发零售贸易、餐饮业	金融保险业	房地产业	社会服务业	卫生、体育和社会福利业	教育、文化艺术及广播电影电视业	科学研究和综合技术服务业	国家机关、党政机关和社会团体	其他行业
16—19岁	0.016	0.198	0.005	0.001	0.118	0.016	0.061	0.001	0.012	0.001
20—24岁	0.085	0.461	0.044	0.009	0.194	0.110	0.271	0.011	0.125	0.010
25—29岁	0.154	0.729	0.102	0.018	0.224	0.183	0.360	0.028	0.221	0.025
30—34岁	0.186	0.777	0.109	0.021	0.206	0.161	0.353	0.034	0.209	0.027
35—39岁	0.176	0.621	0.089	0.021	0.159	0.159	0.279	0.041	0.207	0.029
40—44岁	0.100	0.316	0.035	0.014	0.110	0.098	0.154	0.029	0.132	0.016
45—49岁	0.042	0.195	0.020	0.007	0.063	0.085	0.114	0.025	0.088	0.011
50—54岁	0.008	0.075	0.007	0.001	0.020	0.033	0.077	0.007	0.043	0.004
总计	0.767	3.373	0.409	0.092	1.093	0.844	1.669	0.177	1.037	0.124

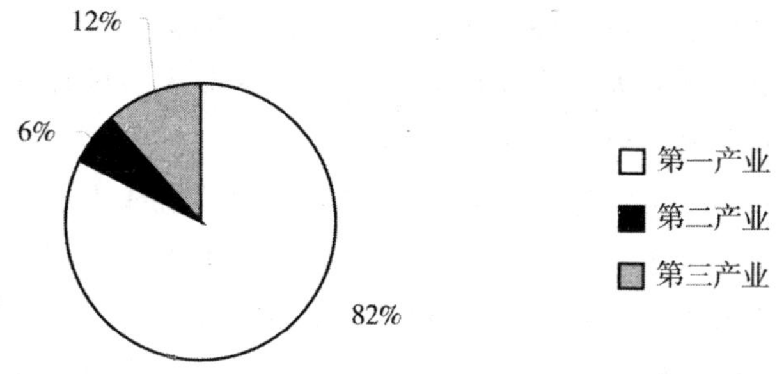

图 2—14　“五普”甘肃省女性就业人员的产业结构

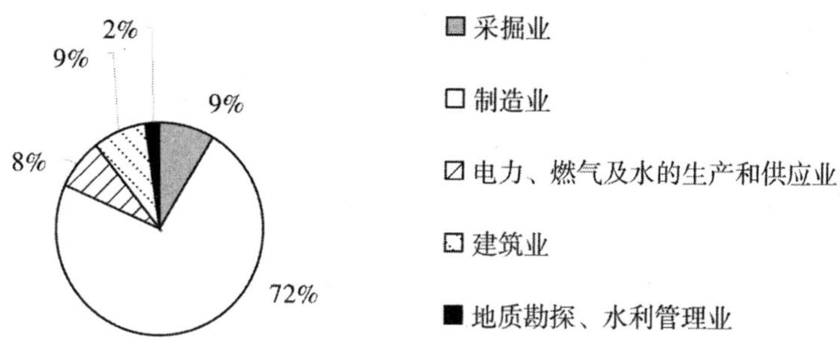

图 2—15　“五普”甘肃省女性就业人员的第二产业结构

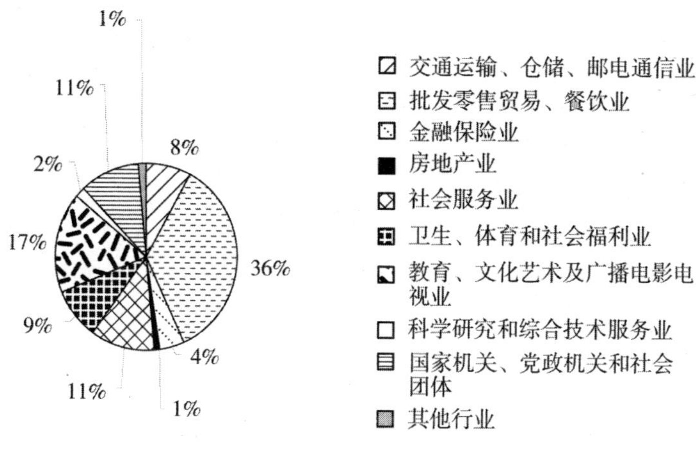

图 2—16　“五普”甘肃省女性就业人员的第三产业结构

甘肃省女性人力资源就业人员中的产业分布同甘肃省男性人力资源产业分布及甘肃省人力资源产业分布相似，从事农林牧渔产业的居多，其次是制造业和批发零售业。具体数据来看，第一产业即农林牧渔业女性就业人数占女性人力资源与就业人员的比重高于男性占男性人力资源与就业人员的比重，制造业和批发零售业同类指标比重低于男性，可能原因是：甘肃省农村女性就业人力资源非农林牧渔行业就业渠道和就业能力弱于男性；甘肃省农村男性劳动力流出农村，外出务工的机会多于女性；甘肃省第三产业极不发达，吸纳劳动力的能力较低。从农村劳动力流动的相关研究成果看，目前农村劳动力女性居多，在甘肃这个历史上农牧业发展占经济发展重要地位的省份，农村男性劳动力离开农牧业对甘肃农牧业生产和发展影响巨大。

第三章

第六次人口普查人力资源结构

一 “六普”甘肃省人力资源数量、性别、年龄

表3—1、图3—1至图3—4描述了“六普”甘肃省人力资源数量、性别及年龄。

表3—1 “六普”甘肃省人力资源数量、性别及年龄结构

年龄	总计		男		女	
	人力资源数（人）	比例（%）	人力资源数（人）	比例（%）	人力资源数（人）	比例（%）
16—19岁	1922900	11.60	986028	11.30	936872	11.93
20—24岁	2318564	13.99	1142615	13.10	1175949	14.98
25—29岁	1686018	10.17	835598	9.58	850420	10.83
30—34岁	1599412	9.65	810650	9.29	788762	10.05
35—39岁	2384986	14.39	1203659	13.80	1181327	15.05
40—44岁	2663227	16.07	1348508	15.46	1314719	16.75
45—49岁	2039894	12.31	1042022	11.95	997872	12.71
50—54岁	1263287	7.62	659318	7.56	603969	7.69
55—59岁	694781	4.19	694781	7.96		
总计	16573069	100	8723179	100	7849890	100

由表3—1和图3—1可以看出，“六普”时期，甘肃省人力资源总数上处在40—44岁年龄段的人数最多，占人力资源总数的

16.07%；其次是20—24岁和35—39岁这两个年龄段，所占比例分别为13.99%和14.39%；再次是16—19岁和45—49岁两个年龄段，所占比例分别为11.60%和12.31%；25—29岁和30—34岁两个年龄段所占比例分别为10.17%和9.65%；50—54岁年龄段所占比例为7.62%；55—59岁年龄段所占比例最小，为4.19%。

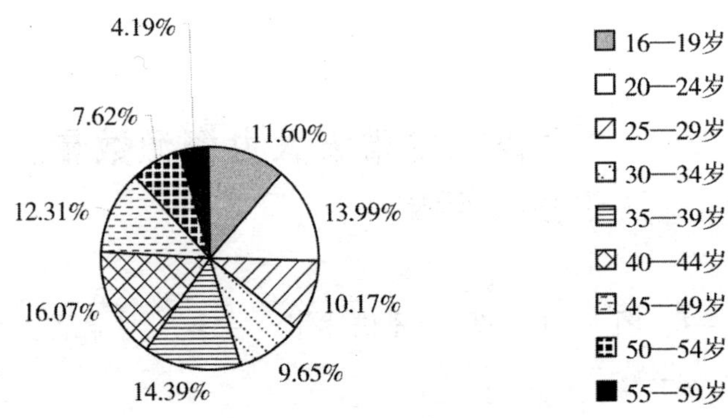

(a)“六普”甘肃省人力资源年龄结构

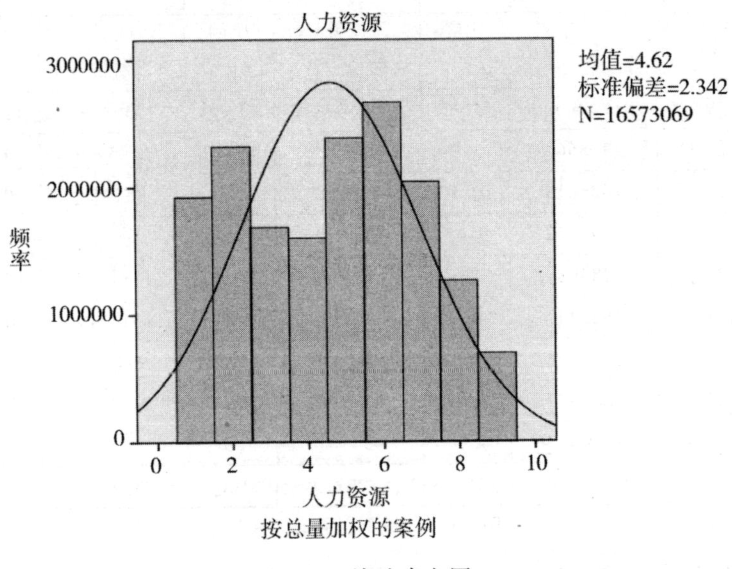

(b) F检验直方图

图3—1　“六普”甘肃省人力资源年龄结构

由图 3—2 可以看出，“六普”时期，甘肃省人力资源性别结构与“五普”持平，男女比例分别保持了 52.63% 和 47.37%，男性总量依然多于女性，男女性别比保持 111.1：100（女性人力资源为 100）的水平。同期，甘肃省常住人口中，男性人口为 13064127 人，占 51.08%；女性人口为 12511127 人，占 48.92%。人口性别比（以女性为 100，男性对女性的比例）由 2000 年第五次全国人口普查的 107.59 下降为 104.42。“六普”人口性别比下降，但人力资源性别比没有变化，意味着“六普”女性人力资源相对数量增加。

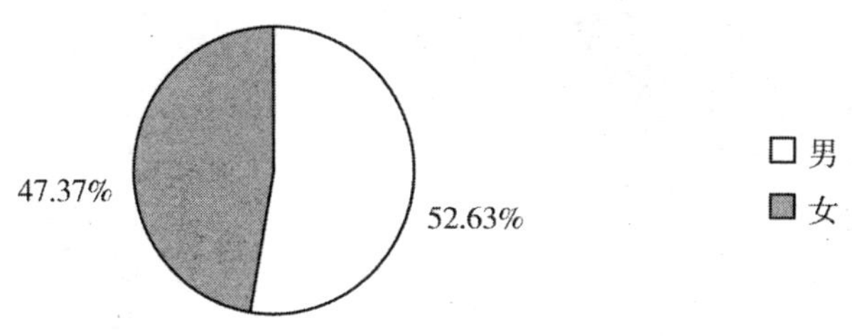

图 3—2　“六普”甘肃省人力资源性别结构

由图 3—3 可以看出，男性人力资源的年龄结构分布与人力资源总数的年龄结构分布大致相似，处在 40—44 岁年龄段人数最多，占男性人力资源总数的 15.46%；其次是 20—24 岁和 35—39 岁这两个年龄段，所占比例分别为 13.10% 和 13.80%；45—49 岁年龄段所占比例为 11.95%；16—19 岁年龄段所占比例为 11.30%；25—29 岁所占比例为 9.58%；30—34 岁年龄段所占比例为 9.29%；人数最少的是 50—54 岁和 55—59 岁年龄段，所占比例均为 8%左右。

由图 3—4 可以看出，女性人力资源的年龄结构分布与人力资源总数的年龄结构分布也大致相似，40—44 岁年龄段人数最多，所占比例为 16.75%；其次是 20—24 岁和 35—39 岁两个年龄段，所占比例分别为 14.98% 和 15.05%；45—49 岁年龄段所占比例为 12.71%；16—19 岁年龄段所占比例为 11.93%；25—29 岁所占比例为 10.83%；30—34 岁年龄段所占比例为 10.05%；人数最少的是 50—54 岁年龄段，所占比例为 7.69%。

通过 SPSS 18.0 软件对甘肃省人力资源年龄结构、甘肃省男性人力资源年龄结构以及甘肃省女性人力资源年龄结构分别进行 F 检验，得出 F 检验直方图［图 3—1（b）、图 3—3（b）、图 3—4（b）］。可知，甘肃省人力资源年龄结构、甘肃省男性人力资源年龄结构以及甘肃省女性人力资源年龄结构未呈现典型的正态分布，略呈双峰值趋势。

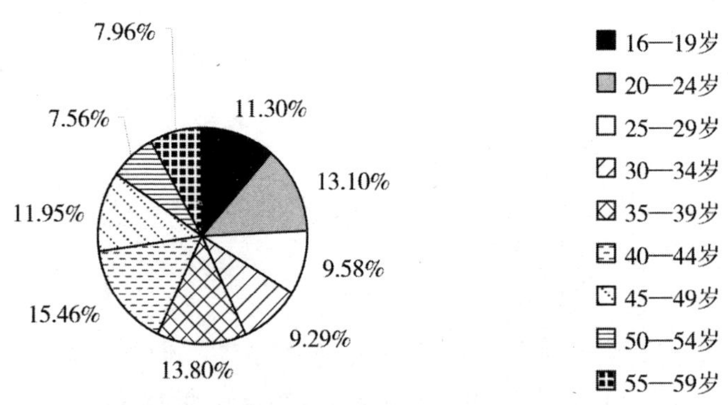

（a）“六普”甘肃省人力资源男性年龄结构

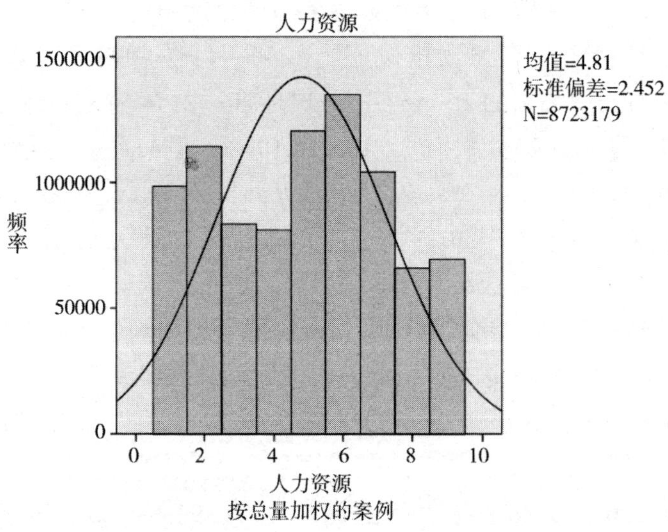

（b）F 检验直方图

图 3—3　“六普”甘肃省人力资源男性年龄结构

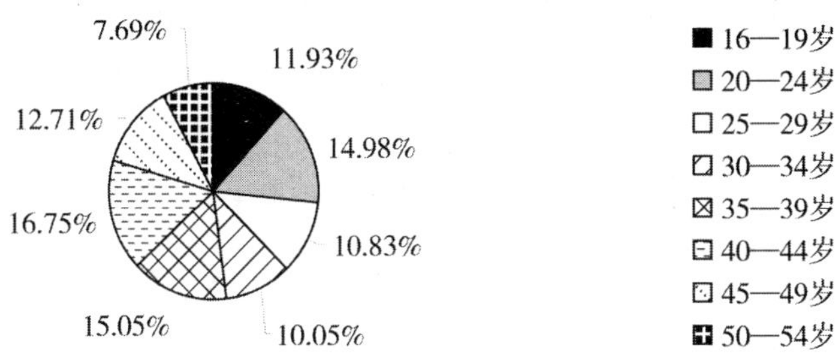

（a）“六普”甘肃省人力资源女性年龄结构

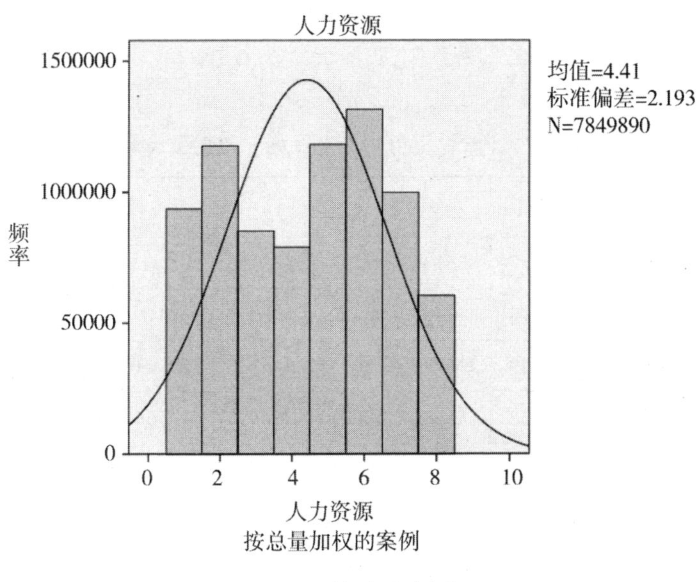

（b）F检验直方图

图3—4　“六普”甘肃省人力资源女性年龄结构

二　“六普”甘肃省人力资源学历结构

从“六普”甘肃省人力资源受教育情况来看，人均受教育年限8.1年。其中，初中学历人数最多，占总人数的38.59%，这是我国普及九年义务教育的显著成果。小学学历人群所占的比重仍较大，为26.69%；其次是高中学历人群，所占比例为17.78%；大学专科学历人群所占比例为 6.72%；大学本科学历人群所占比例为 4.09%；研究生学历人数最少，所占比例为 0.27%，而未上过学的人数依然较多，占总人数的 5.87%（见表 3—2、表 3—3、图 3—5）。

在未上过学的人群中，40—44 岁年龄段所占比例最大，为 1.24%；在小学学历人群中，40—44 岁年龄段所占比例最大，为 5.77%；在初中学历人群中，40—44 岁年龄段所占比例最大，为 6.14%；在高中学历人群中，16—19 岁年龄段所占比例最大，为 4.67%；在大学专科学历人群中，20—24 岁年龄段所占比例最大，为 1.68%；在大学本科学历人群中，20—24 岁年龄段所占比例最大，为 1.45%；在研究生学历人群中，25—29 岁年龄段所占比例最大，为 0.09%。

表 3—2 **"六普"甘肃省人力资源分年龄、受教育程度** （单位：人）

学历 年龄	总计	未上过学	小学	初中	高中	大学专科	大学本科	研究生
16—19 岁	1922900	17487	224836	802092	773136	57211	47996	142
20—24 岁	2318564	36893	341696	934872	477147	278415	240320	9221
25—29 岁	1686018	43459	316746	756155	244877	189099	121562	14120
30—34 岁	1599412	65028	386600	686529	224634	147568	81184	7869
35—39 岁	2384986	137864	714386	1014117	291267	152776	69173	5403
40—44 岁	2663227	206243	955657	1017827	295534	126074	57848	4044
45—49 岁	2039894	186319	694115	694771	329493	92633	39398	3165
50—54 岁	1263287	190766	481838	300315	232656	44464	12411	837
55—59 岁	694781	88167	307564	188110	77573	25622	7460	295
总计	16573069	972226	4423438	6394788	2946317	1113862	677352	45096

表 3—3 **"六普"甘肃省人力资源分年龄、受教育程度人数占人力资源总量的百分比** （单位：%）

学历 年龄	总计	未上过学	小学	初中	高中	大学专科	大学本科	研究生
16—19 岁	11.60	0.11	1.36	4.84	4.67	0.35	0.29	0.00

续表

学历 年龄	总计	未上过学	小学	初中	高中	大学专科	大学本科	研究生
20—24 岁	13.99	0.22	2.06	5.64	2.88	1.68	1.45	0.06
25—29 岁	10.17	0.26	1.91	4.56	1.48	1.14	0.73	0.09
30—34 岁	9.65	0.39	2.33	4.14	1.36	0.89	0.49	0.05
35—39 岁	14.39	0.83	4.31	6.12	1.76	0.92	0.42	0.03
40—44 岁	16.07	1.24	5.77	6.14	1.78	0.76	0.35	0.02
45—49 岁	12.31	1.12	4.19	4.19	1.99	0.56	0.24	0.02
50—54 岁	7.62	1.15	2.91	1.81	1.40	0.27	0.07	0.01
55—59 岁	4.19	0.53	1.86	1.14	0.47	0.15	0.05	0.00
总计	100	5.87	26.69	38.59	17.78	6.72	4.09	0.27

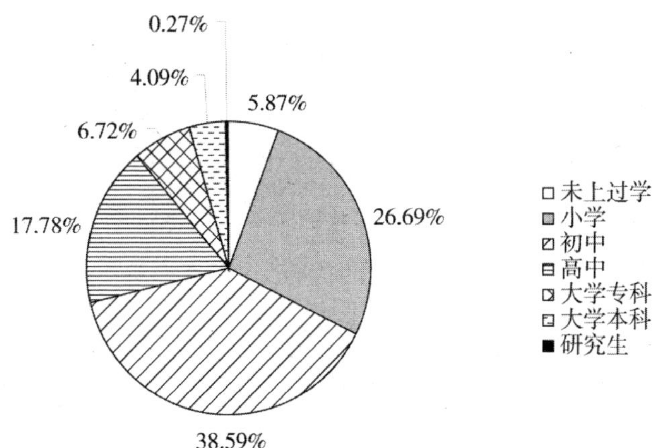

图 3—5　“六普”甘肃省人力资源学历结构

从上述数据分析来看，虽然甘肃省九年义务教育普及有显著的成果，但人力资源总体受教育水平仍然偏低。在人力资源总人数中，所占比例最大的仍是初中学历人群，而研究生比例很低，为 0.27%，缺乏高层次人才。

三　“六普”甘肃省人力资源地区结构

由表3—4和图3—6可知，“六普”甘肃省人力资源地区结构呈现出与“五普”基本相同的特征。兰州市人力资源数最多，约占15.37%，其次是天水市占12.53%，定西市及陇南市均占10%左右，庆阳市占8.63%，金昌市、嘉峪关市最少，分别占0.22%和0.97%，人力资源地区分布在“五普”和“六普”期间无明显变化。

表3—4　　　　**“六普”甘肃省人力资源地区结构**

地区	人力资源总量（人）	比例（%）
兰州市	2559300	15.37
嘉峪关市	161777	0.97
金昌市	37229	0.22
白银市	1155533	6.94
天水市	2086922	12.53
酒泉市	748903	4.50
张掖市	810011	4.86
武威市	1234919	7.41
定西市	1760959	10.57
陇南市	1656866	9.95
平凉市	1330608	7.99
庆阳市	1438166	8.63
临夏回族自治州	1232123	7.40
甘南藏族自治州	443276	2.66
总计	16656592	100

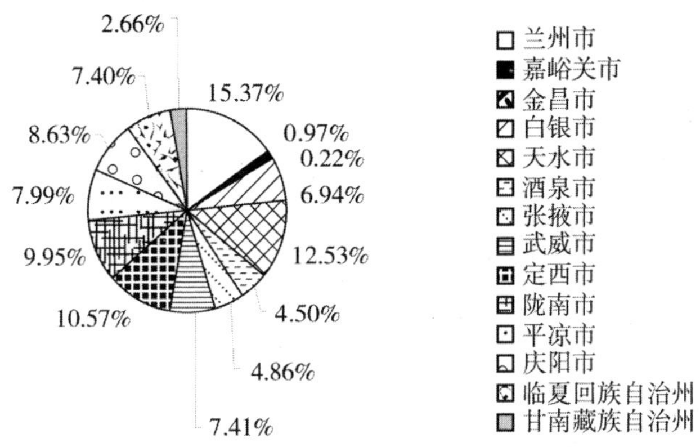

图 3—6 “六普”甘肃省人力资源地区结构

四 “六普”甘肃省人力资源中分年龄、行业的就业人员结构

按照普查抽样比例 10%进行了数据换算，得出结果如表 3—5、表 3—6。

表 3—5 “六普”甘肃省就业人员分年龄、行业的数量 （单位：人）

行业 年龄	总计	第一产业	第二产业				第三产业			
		农林牧渔业	采矿业	制造业	电力、燃气及水的生产和供应业	建筑业	交通运输、仓储、邮电通信业	信息传输、计算机服务和软件业	批发和零售业	住宿和餐饮业
16—19 岁	476610	368530	1680	15860	970	17240	4230	1140	18700	29570
20—24 岁	1411060	987010	11210	57700	6600	60540	26500	8800	93430	60770
25—29 岁	1381670	830260	17540	66420	10250	63970	41590	10780	113160	40830
30—34 岁	1384020	826060	20600	70600	13880	63510	49840	9220	111230	32650
35—39 岁	2160670	1427230	29650	109570	21590	94860	71420	7150	142260	38220

续表

行业 年龄	总计	第一产业	第二产业				第三产业			
		农林牧渔业	采矿业	制造业	电力、燃气及水的生产和供应业	建筑业	交通运输、仓储、邮电通信业	信息传输、计算机服务和软件业	批发和零售业	住宿和餐饮业
40—44岁	2452430	1739300	29040	114830	20540	94740	66170	5710	129310	34540
45—49岁	1857940	1352050	18890	78220	13440	59170	45810	3880	81970	21890
50—54岁	1018420	790790	8070	34570	7250	24180	20150	1750	31610	8240
55—59岁	562780	455280	3600	15930	3580	12680	8000	690	13270	3070
总计	12705600	8776510	140280	563700	98100	490890	333710	49120	734940	269780

行业 年龄	第三产业										
	金融业	房地产业	租赁和商务服务业	科学研究、技术服务和地质勘探业	水利、环境和公共设施管理业	居民服务和其他服务业	教育	卫生、社会保障和社会福利业	文化、体育和娱乐业	公共管理和社会组织	国际组织
16—19岁	300	470	1290	190	260	8900	2320	1440	1410	2110	0
20—24岁	6450	3050	6000	1760	1400	23560	20630	12610	5310	17730	0
25—29岁	11950	4600	8260	4210	3090	20120	59530	20910	5750	48450	0
30—34岁	11610	5190	7650	4280	4770	17970	55330	19170	5520	54940	0
35—39岁	17240	6810	10120	5770	7560	23140	49430	23080	7090	68470	10
40—44岁	18270	7780	9800	6670	7970	21180	50270	19150	6470	70680	10
45—49岁	13650	6680	7620	6650	6040	14440	42750	16620	4910	63260	0
50—54岁	5370	3670	3690	3350	3110	6710	23920	7860	2720	31400	10
55—59岁	2160	1740	1910	1440	1580	2810	12830	3830	970	17410	0
总计	87000	39990	56340	34320	35780	138830	317010	124670	40150	374450	30

表 3—6　　"六普"甘肃省就业人员分年龄、行业占人力资源总量的百分比　　（单位：%）

年龄＼行业	总计	第一产业	第二产业				第三产业			
		农林牧渔业	采矿业	制造业	电力、燃气及水的生产和供应业	建筑业	交通运输、仓储、邮电通信业	信息传输、计算机服务和软件业	批发和零售业	住宿和餐饮业
16—19 岁	2.88	2.22	0.01	0.10	0.01	0.10	0.03	0.01	0.11	0.18
20—24 岁	8.51	5.96	0.07	0.35	0.04	0.37	0.16	0.05	0.56	0.37
25—29 岁	8.34	5.01	0.11	0.40	0.06	0.39	0.25	0.07	0.68	0.25
30—34 岁	8.35	4.98	0.12	0.43	0.08	0.38	0.30	0.06	0.67	0.20
35—39 岁	13.04	8.61	0.18	0.66	0.13	0.57	0.43	0.04	0.86	0.23
40—44 岁	14.80	10.49	0.18	0.69	0.12	0.57	0.40	0.03	0.78	0.21
45—49 岁	11.21	8.16	0.11	0.47	0.08	0.36	0.28	0.02	0.49	0.13
50—54 岁	6.15	4.77	0.05	0.21	0.04	0.15	0.12	0.01	0.19	0.05
55—59 岁	3.40	2.75	0.02	0.10	0.02	0.08	0.05	0.00	0.08	0.02
总计	76.66	52.96	0.85	3.40	0.59	2.96	2.01	0.30	4.43	1.63

年龄＼行业	第三产业										
	金融业	房地产业	租赁和商务服务业	科学研究、技术服务和地质勘探业	水利、环境和公共设施管理业	居民服务和其他服务业	教育	卫生、社会保障和社会福利业	文化、体育和娱乐业	公共管理和社会组织	国际组织
16—19 岁	0.00	0.00	0.01	0.00	0.00	0.05	0.01	0.01	0.01	0.01	0.00
20—24 岁	0.04	0.02	0.04	0.01	0.01	0.14	0.12	0.08	0.03	0.11	0.00
25—29 岁	0.07	0.03	0.05	0.03	0.02	0.12	0.36	0.13	0.03	0.29	0.00
30—34 岁	0.07	0.03	0.05	0.03	0.03	0.11	0.33	0.12	0.03	0.33	0.00

续表

行业 / 年龄	第三产业										
	金融业	房地产业	租赁和商务服务业	科学研究、技术服务和地质勘探业	水利、环境和公共设施管理业	居民服务和其他服务业	教育	卫生、社会保障和社会福利业	文化、体育和娱乐业	公共管理和社会组织	国际组织
35—39 岁	0.10	0.04	0.06	0.03	0.05	0.14	0.30	0.14	0.04	0.41	0.00
40—44 岁	0.11	0.05	0.06	0.04	0.05	0.13	0.30	0.12	0.04	0.43	0.00
45—49 岁	0.08	0.04	0.05	0.04	0.04	0.09	0.26	0.10	0.03	0.38	0.00
50—54 岁	0.03	0.02	0.02	0.02	0.02	0.04	0.14	0.05	0.02	0.19	0.00
55—59 岁	0.01	0.01	0.01	0.01	0.01	0.02	0.08	0.02	0.01	0.11	0.00
总计	0.52	0.24	0.34	0.21	0.22	0.84	1.91	0.75	0.24	2.26	0.00

由图 3—7 可以看出，全省人力资源分行业的就业人员中，分布在第一产业即农林牧渔业的人数最多，占就业人口的 69%；分布在第二产业即采矿业，制造业，电力、燃气及水的生产和供应业，建筑业等的人数最少，占就业人口总数的 10%；其余 21%分布在第三产业，即交通运输、仓储、邮电通信业，批发零售贸易、餐饮业，金融保险业，房地产业，社会服务业，卫生、体育和社会福利业，教育、文化艺术及广播电影电视业，科学研究和综合技术服务业，国家机关、党政机关和社会团体等行业。资料表明甘肃省人力资源分布在第二、第三产业比重偏小，第一产业比重偏大，经济发展程度较低。这也反映出甘肃省总体的产业结构，即以农业为基础，以制造业和批发零售业为导向的产业结构，而从事其他产业的人力资源偏少。

由图 3—8 可以看出，分布在第二产业的就业人员的人力资源总量中，制造业所占比例最大，为 43%；其次是建筑业，占 38%；采矿业占 11%；电力、燃气及水的生产和供应业比重最小，占 8%，这表明甘肃省第二产业的发展以制造业和建筑业为主。

由图 3—9 可以看出，分布在第三产业的就业人员的人力资源总量中，批发和零售业所占比重最大，占 28%；其次是交通运输、仓储、邮电通信业及公共管理和社会组织行业，所占比重为 13%和 14%；教育行业所占比重为 12%；住宿和餐饮业所占比重为 10%；其余行业所占比重较小，均在 5%以下。

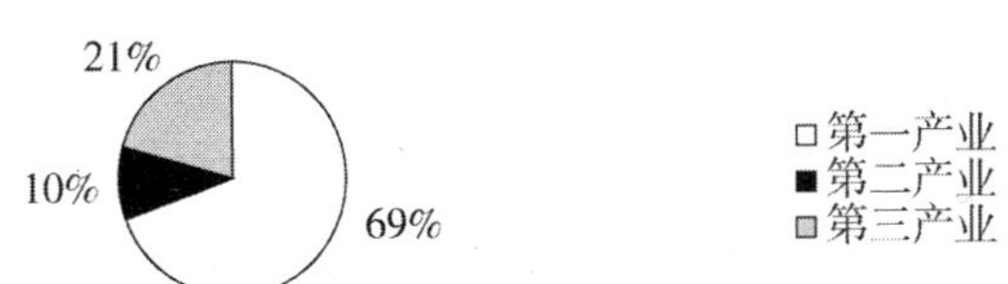

图 3—7　“六普”甘肃省就业人员产业结构

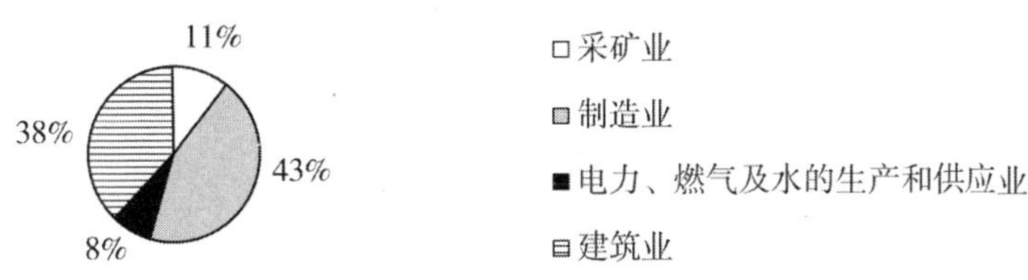

图 3—8　“六普”甘肃省就业人员第二产业结构

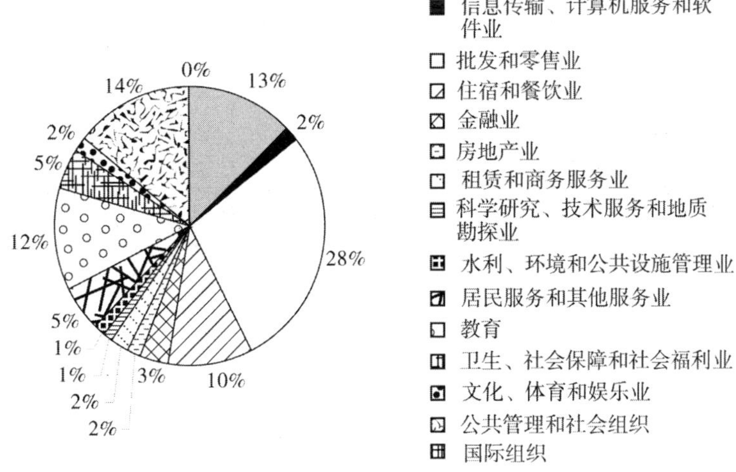

图 3—9　“六普”甘肃省就业人员第三产业结构

五 “六普”甘肃省人力资源中分年龄、行业的男性就业人员结构

甘肃省人力资源中的男性就业人员总量计算方法和甘肃省人力资源中就业人员计算方法一样。具体结果见表3—7、表3—8。

表3—7 “六普”甘肃省男性就业人员分年龄、行业的数量 （单位：人）

行业/年龄	总计	第一产业	第二产业				第三产业			
		农林牧渔业	采矿业	制造业	电力、燃气及水的生产和供应业	建筑业	交通运输、仓储、邮电通信业	信息传输、计算机服务和软件业	批发和零售业	住宿和餐饮业
16—19岁	250160	187820	1260	9100	770	14870	3560	530	8190	14000
20—24岁	699510	466490	8710	35880	4630	49930	21530	3890	36710	27160
25—29岁	718540	405780	13310	42070	6830	52380	33490	5320	47970	20150
30—34岁	736720	407370	16260	44030	8620	51430	39600	5440	49600	15290
35—39岁	1134710	688490	22500	67000	13790	77230	56840	4160	66740	16820
40—44岁	1285220	842720	22060	71370	12910	77610	51240	3400	63170	15580
45—49岁	1000700	673590	14900	51710	9040	49650	34570	2650	43370	9910
50—54岁	589890	417820	7290	28180	5960	21470	17030	1200	19780	4740
55—59岁	562780	455280	3600	15930	3580	12680	8000	690	13270	3070
总计	6978230	4545360	109890	365270	66130	407250	265860	27280	348800	126720

续表

行业 / 年龄	第三产业										
	金融业	房地产业	租赁和商务服务业	科学研究、技术服务和地质勘探业	水利、环境和公共设施管理业	居民服务和其他服务业	教育	卫生、社会保障和社会福利业	文化、体育和娱乐业	公共管理和社会组织	国际组织
16—19 岁	160	340	920	100	230	4370	1020	300	910	1710	0
20—24 岁	2950	1580	3530	1230	870	11610	7020	2500	2750	10540	0
25—29 岁	5550	2660	4860	2680	1780	9420	25120	6830	3230	29110	0
30—34 岁	5290	2630	4490	2800	2820	8630	26830	7950	3100	34540	0
35—39 岁	8450	3430	6120	3570	3960	11080	26220	9880	4140	44290	0
40—44 岁	9700	4090	6310	4130	4150	10020	27730	8250	3620	47150	10
45—49 岁	7890	4080	4890	4700	3150	7020	26270	7230	2810	43270	0
50—54 岁	3720	3040	2720	2690	2200	3920	17650	3920	1940	24610	10
55—59 岁	2160	1740	1910	1440	1580	2810	12830	3830	970	17410	0
总计	45870	23590	35750	23340	20740	68880	170690	50690	23470	252630	20

表 3—8　　**“六普”甘肃省男性就业人员分年龄、行业占人力资源总量的百分比**　　（单位：%）

行业 / 年龄	总计	第一产业	第二产业				第三产业			
		农林牧渔业	采矿业	制造业	电力、燃气及水的生产和供应业	建筑业	交通运输、仓储、邮电通信业	信息传输、计算机服务和软件业	批发和零售业	住宿和餐饮业
16—19 岁	2.87	2.15	0.01	0.10	0.01	0.17	0.04	0.01	0.09	0.16
20—24 岁	8.02	5.35	0.10	0.41	0.05	0.57	0.25	0.04	0.42	0.31

续表

行业 / 年龄	总计	第一产业	第二产业				第三产业			
		农林牧渔业	采矿业	制造业	电力、燃气及水的生产和供应业	建筑业	交通运输、仓储、邮电通信业	信息传输、计算机服务和软件业	批发和零售业	住宿和餐饮业
25—29 岁	8.24	4.65	0.15	0.48	0.08	0.60	0.38	0.06	0.55	0.23
30—34 岁	8.45	4.67	0.19	0.50	0.10	0.59	0.45	0.06	0.57	0.18
35—39 岁	13.01	7.89	0.26	0.77	0.16	0.89	0.65	0.05	0.77	0.19
40—44 岁	14.73	9.66	0.25	0.82	0.15	0.89	0.59	0.04	0.72	0.18
45—49 岁	11.47	7.72	0.17	0.59	0.10	0.57	0.40	0.03	0.50	0.11
50—54 岁	6.76	4.79	0.08	0.32	0.07	0.25	0.20	0.01	0.23	0.05
55—59 岁	6.45	5.22	0.04	0.18	0.04	0.15	0.09	0.01	0.15	0.04
总计	80.00	52.11	1.26	4.19	0.76	4.67	3.05	0.31	4.00	1.45

行业 / 年龄	第三产业										
	金融业	房地产业	租赁和商务服务业	科学研究、技术服务和地质勘探业	水利、环境和公共设施管理业	居民服务和其他服务业	教育	卫生、社会保障和社会福利业	文化、体育和娱乐业	公共管理和社会组织	国际组织
16—19 岁	0.00	0.00	0.01	0.00	0.00	0.05	0.01	0.00	0.01	0.02	0.00
20—24 岁	0.03	0.02	0.04	0.01	0.01	0.13	0.08	0.03	0.03	0.12	0.00
25—29 岁	0.06	0.03	0.06	0.03	0.02	0.11	0.29	0.08	0.04	0.33	0.00
30—34 岁	0.06	0.03	0.05	0.03	0.03	0.10	0.31	0.09	0.04	0.40	0.00

续表

行业 年龄	第三产业										
	金融业	房地产业	租赁和商务服务业	科学研究、技术服务和地质勘探业	水利、环境和公共设施管理业	居民服务和其他服务业	教育	卫生、社会保障和社会福利业	文化、体育和娱乐业	公共管理和社会组织	国际组织
35—39 岁	0.10	0.04	0.07	0.04	0.05	0.13	0.30	0.11	0.05	0.51	0.00
40—44 岁	0.11	0.05	0.07	0.05	0.05	0.11	0.32	0.09	0.04	0.54	0.00
45—49 岁	0.09	0.05	0.06	0.05	0.04	0.08	0.30	0.08	0.03	0.50	0.00
50—54 岁	0.04	0.03	0.03	0.03	0.03	0.04	0.20	0.04	0.02	0.28	0.00
55—59 岁	0.02	0.02	0.02	0.02	0.02	0.03	0.15	0.04	0.01	0.20	0.00
总计	0.53	0.27	0.41	0.27	0.24	0.79	1.96	0.58	0.27	2.90	0.00

由表 3—8、图 3—10 可以看出，甘肃省人力资源的男性就业人员中，农林牧渔业最多，占男性人力资源总数的 52.11%，占男性就业人员的 65%；从事第二产业的人员最少，占男性就业人员的 14%；从事第三产业的人员占男性就业人员的 21%。从资料中可以得出，甘肃省男性就业人员中从事的产业分布和甘肃省人力资源总体产业分布相似。

由图 3—11 可以看出，分布在第二产业的男性就业人员的人力资源总量中，建筑业所占比重最大，为 42%；其次是制造业，占 39%；采矿业占 12%；电力、燃气及水的生产和供应业比重最小，占 7%，这表明甘肃省第二产业的发展以制造业和建筑业为主。

由图 3—12 可以看出，分布在第三产业的男性就业人员的人力资源总量中，批发和零售业所占比重最大，占 23%；其次是交通运输、仓储、邮电、通信业及公共管理和社会组织行业，所占比重为 18%和 17%；教育行业所占比重为 11%；住宿和餐饮业所占比重为 9%；其他行业所占比重较小，均在 5%以下。

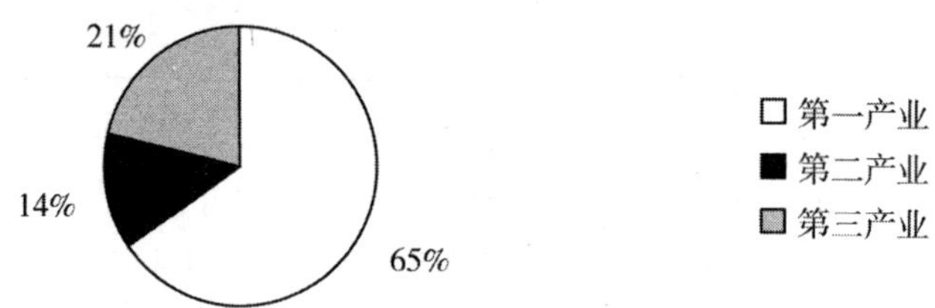

图 3—10 甘肃省男性就业人员产业结构

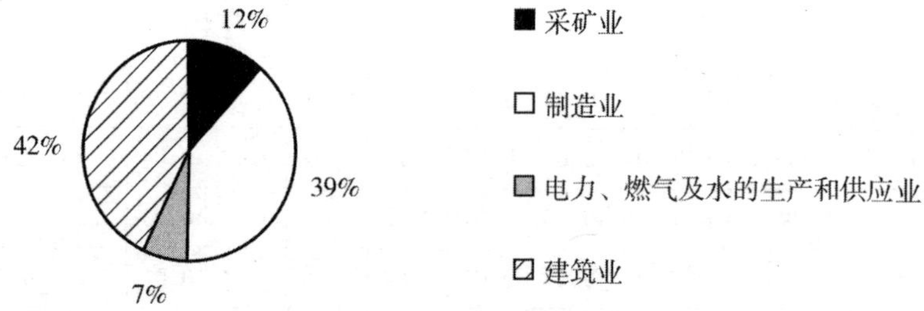

图 3—11 甘肃省男性就业人员第二产业结构

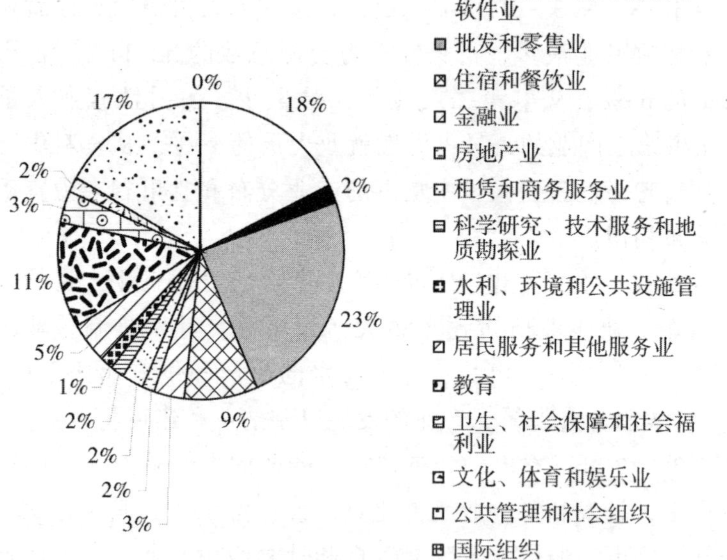

图 3—12 “六普”甘肃省男性就业人员中第三产业结构

六　“六普”甘肃省人力资源中分年龄、行业的女性就业人员结构

甘肃省人力资源中女性就业人员总量计算方法和甘肃省人力资源中就业人员计算方法一样。具体结果见表3—9、表3—10。

表3—9　“六普”甘肃省女性就业人员分年龄、行业的数量（单位：人）

行业/年龄	总计	第一产业	第二产业				第三产业			
		农林牧渔业	采矿业	制造业	电力、燃气及水的生产和供应业	建筑业	交通运输、仓储、邮电通信业	信息传输、计算机服务和软件业	批发和零售业	住宿和餐饮业
16—19岁	226450	180710	420	6760	200	2370	670	610	10510	15570
20—24岁	711550	520520	2500	21820	1970	10610	4970	4910	56720	33610
25—29岁	663130	424480	4230	24350	3420	11590	8100	5460	65190	20680
30—34岁	647300	418690	4340	26570	5260	12080	10240	3780	61630	17360
35—39岁	1025960	738740	7150	42570	7800	17630	14580	2990	75520	21400
40—44岁	1167210	896580	6980	43460	7630	17130	14930	2310	66140	18960
45—49岁	857240	678460	3990	26510	4400	9520	11240	1230	38600	11980
50—54岁	428530	372970	780	6390	1290	2710	3120	550	11830	3500
总计	5727370	4231150	30390	198430	31970	83640	67850	21840	386140	143060

行业/年龄	第三产业										
	金融业	房地产业	租赁和商务服务业	科学研究、技术服务和地质勘探业	水利、环境和公共设施管理业	居民服务和其他服务业	教育	卫生、社会保障和社会福利业	文化、体育和娱乐业	公共管理和社会组织	国际组织
16—19岁	140	130	370	90	30	4530	1300	1140	500	400	0
20—24岁	3500	1470	2470	530	530	11950	13610	10110	2560	7190	0

续表

年龄＼行业	第三产业										
	金融业	房地产业	租赁和商务服务业	科学研究、技术服务和地质勘探业	水利、环境和公共设施管理业	居民服务和其他服务业	教育	卫生、社会保障和社会福利业	文化、体育和娱乐业	公共管理和社会组织	国际组织
25—29岁	6400	1940	3400	1530	1310	10700	34410	14080	2520	19340	0
30—34岁	6320	2560	3160	1480	1950	9340	28500	11220	2420	20400	0
35—39岁	8790	3380	4000	2200	3600	12060	23210	13200	2950	24180	10
40—44岁	8570	3690	3490	2540	3820	11160	22540	10900	2850	23530	0
45—49岁	5760	2600	2730	1950	2890	7420	16480	9390	2100	19990	0
50—54岁	1650	630	970	660	910	2790	6270	3940	780	6790	0
总计	41130	16400	20590	10980	15040	69950	146320	73980	16680	121820	10

表3—10　　**“六普”甘肃省女性就业人员分年龄、行业占人力资源总量的百分比**　　（单位：%）

年龄＼行业	总计	第一产业	第二产业				第三产业			
		农林牧渔业	采矿业	制造业	电力、燃气及水的生产和供应业	建筑业	交通运输、仓储、邮电、通信业	信息传输、计算机服务和软件业	批发和零售业	住宿和餐饮业
16—19岁	2.88	2.30	0.01	0.09	0.00	0.03	0.01	0.01	0.13	0.20
20—24岁	9.06	6.63	0.03	0.28	0.03	0.14	0.06	0.06	0.72	0.43
25—29岁	8.45	5.41	0.05	0.31	0.04	0.15	0.10	0.07	0.83	0.26
30—34岁	8.25	5.33	0.06	0.34	0.07	0.15	0.13	0.05	0.79	0.22
35—39岁	13.07	9.41	0.09	0.54	0.10	0.22	0.19	0.04	0.96	0.27

续表

行业 / 年龄	总计	第一产业	第二产业				第三产业			
		农林牧渔业	采矿业	制造业	电力、燃气及水的生产和供应业	建筑业	交通运输、仓储、邮电、通信业	信息传输、计算机服务和软件业	批发和零售业	住宿和餐饮业
40—44岁	14.87	11.42	0.09	0.55	0.10	0.22	0.19	0.03	0.84	0.24
45—49岁	10.92	8.64	0.05	0.34	0.06	0.12	0.14	0.02	0.49	0.15
50—54岁	5.46	4.75	0.01	0.08	0.02	0.03	0.04	0.01	0.15	0.04
总计	72.96	53.90	0.39	2.53	0.41	1.07	0.86	0.28	4.92	1.82

行业 / 年龄	第三产业										
	金融业	房地产业	租赁和商务服务业	科学研究、技术服务和地质勘探业	水利、环境和公共设施管理业	居民服务和其他服务业	教育	卫生、社会保障和社会福利业	文化、体育和娱乐业	公共管理和社会组织	国际组织
16—19岁	0.00	0.00	0.00	0.00	0.00	0.06	0.02	0.01	0.01	0.01	0.00
20—24岁	0.04	0.02	0.03	0.01	0.01	0.15	0.17	0.13	0.03	0.09	0.00
25—29岁	0.08	0.02	0.04	0.02	0.02	0.14	0.44	0.18	0.03	0.25	0.00
30—34岁	0.08	0.03	0.04	0.02	0.02	0.12	0.36	0.14	0.03	0.26	0.00
35—39岁	0.11	0.04	0.05	0.03	0.05	0.15	0.30	0.17	0.04	0.31	0.00
40—44岁	0.11	0.05	0.04	0.03	0.05	0.14	0.29	0.14	0.04	0.30	0.00
45—49岁	0.07	0.03	0.03	0.02	0.04	0.09	0.21	0.12	0.03	0.25	0.00
50—54岁	0.02	0.01	0.01	0.01	0.01	0.04	0.08	0.05	0.01	0.09	0.00
总计	0.52	0.21	0.26	0.14	0.19	0.89	1.86	0.94	0.21	1.55	0.00

由图3—13可以看出，甘肃省人力资源的女性就业人员中，农林牧渔业最多，占女性就业人员的74%；从事第二产业的人员最

少，占女性就业人员的6%；从事第三产业的人员占女性就业人员的20%。从资料中可以得出，甘肃省人力资源女性就业人员中从事的产业分布和甘肃省人力资源总体产业分布相似。并且，从事第一产业的女性比例74%明显高于从事第一产业的男性比例65%，从事第二产业的女性比例6%明显低于从事第二产业的男性比例14%，与“五普”特征一致。

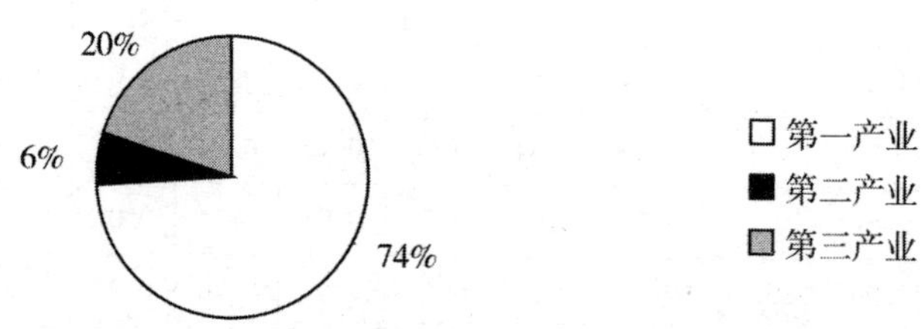

图3—13 “六普”甘肃省女性就业人员产业结构

由图3—14可以看出，分布在第二产业的女性就业人员的人力资源总量中，制造业所占比重最大，为58%；建筑业占24%；采矿业和电力、燃气及水的生产和供应业所占比重最小，均占9%。在第二产业中女性从事采矿业和建筑业的比重明显低于男性同类人力资源比重，而从事制造业的比重明显高于男性同类人力资源比重，说明女性从事制造业岗位工作的人力资源数量增长率高于男性增长率，女性就业面有所扩大。

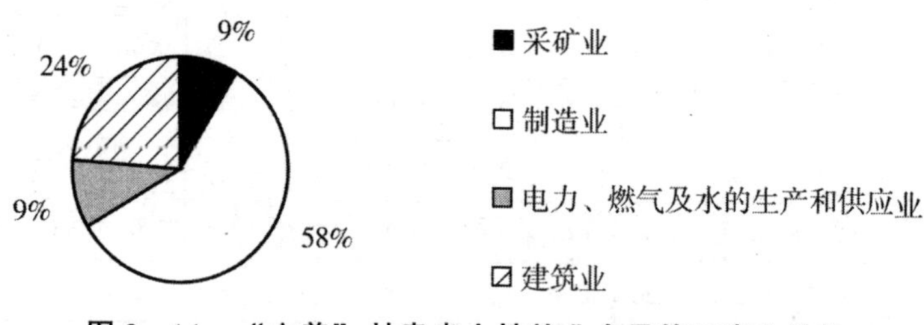

图3—14 “六普”甘肃省女性就业人员第二产业结构

由图3—15可以看出，分布在第三产业的女性就业人员的人力资源总量中，批发和零售业所占比重最大，占34%；其次是教育行业，所占比重为13%；住宿和餐饮业占12%；公共管理和社会组织行业所占比重为11%；交通运输、仓储、邮电通信业以及卫生、社会保障和社会福利业均占6%，其余行业所占比重较小，均在5%以下。

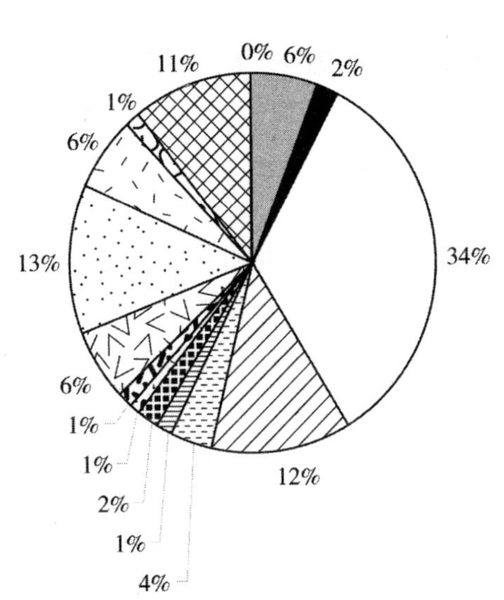

图3—15　“六普”甘肃省女性就业人员第三产业结构

第四章

第五次和第六次人口普查人力资源结构对比分析

一　“五普”、“六普”甘肃省人力资源年龄结构动态变化

从甘肃省“五普”、“六普”人力资源结构的对比来看，“六普”中甘肃省人力资源的年龄结构较“五普”有了较大变化，其中25—29岁、30—34岁年龄段所占比例明显减小，而40—44岁、45—49岁年龄段所占比例明显增大（见图4—1）。这说明甘肃省人力资源正在逐渐步入老龄化，且老龄化程度加剧。

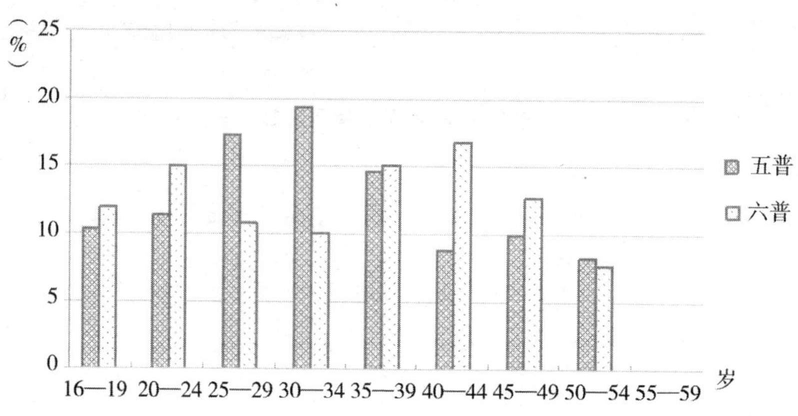

图4—1　甘肃省“五普”、“六普”人力资源年龄结构比较

人口老龄化是甘肃省人口变化的突出特征，目前甘肃省和全国

一样处于低出生、低增长阶段。从人口死亡率上看处于低增长，从人口转型上看已进入人口转型的现代化阶段。同2000年“五普”相比，“六普”甘肃省0—14岁人口的比重下降8.84个百分点，15—64岁人口的比重上升5.61个百分点，65岁及以上人口的比重上升3.23个百分点。这些数据说明，甘肃省已进入典型的老龄化社会阶段。同时，甘肃省人口总抚养比在下降（见表4—1），人口年龄结构仍处于“人口红利”期，这对经济发展是一个利好的消息。“人口红利”与人口转型快、人口控制取得成效有关，也与生育观念转变、医疗卫生条件改善有直接的关系，同时，也体现了十年来甘肃省经济的发展和社会的进步。

结合2000年至2013年甘肃与全国抚养比的相关数据，可进一步说明甘肃省人力资源老龄化问题。

表4—1及图4—2显示：2000年我国总抚养比为44.86%，直至2013年我国总抚养比回落至35.3%。2000—2013年，我国总抚养比除了2005年有明显上升之外，整体呈现下降趋势。甘肃省的下降幅度更大，2000年甘肃省总抚养比为47.65%，这意味着甘肃省每个劳动力需要负担2—3个少儿和老人，到2013年该数值下降至34.76%，每个劳动力需要负担的少儿和老人不到2人。

表4—1 **2000—2013年全国及甘肃省抚养比变化** （单位：%）

年份	全国			甘肃		
	少年儿童抚养比	老年人口抚养比	总抚养比	少年儿童抚养比	老年人口抚养比	总抚养比
2000	33.66	11.2	44.86	39.36	8.29	47.65
2001	32.33	11.25	43.58	37.97	8.22	46.19
2002	30.17	11.57	41.74	34.73	9.06	43.79
2003	28.58	11.96	40.54	32.67	9.49	42.16
2004	26.76	11.87	38.63	30.97	9.27	40.24
2005	27.39	12.71	40.1	33.74	10.41	44.15
2006	25.53	12.72	38.25	30.75	10.44	41.19

续表

年份	全国			甘肃		
	少年儿童抚养比	老年人口抚养比	总抚养比	少年儿童抚养比	老年人口抚养比	总抚养比
2007	24.56	12.86	37.42	28.97	10.94	39.91
2008	23.68	13.04	36.72	28.99	11.47	40.46
2009	22.98	13.24	36.22	25.95	11.46	37.41
2010	22.28	11.9	34.18	24.67	11.18	35.85
2011	22.13	12.27	34.4	22.74	12	34.74
2012	22.2	12.68	34.88	22.2	12.45	34.65
2013	22.2	13.1	35.3	22.78	11.98	34.76

资料来源：2000—2013 年《中国经济统计年鉴》。

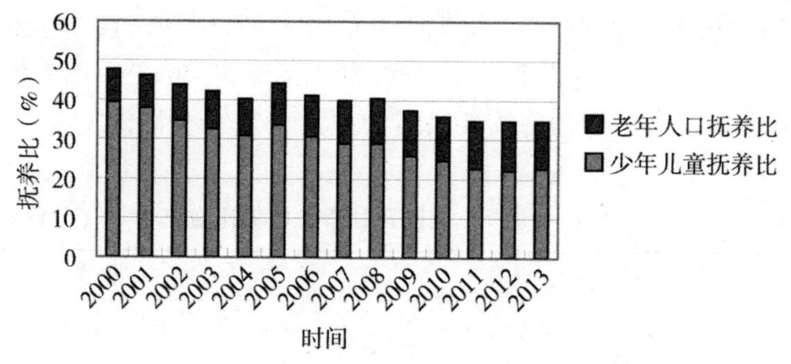

图 4—2 甘肃历年抚养比柱形图（2000—2013）

看似劳动力的负担在减少，其实不然。甘肃省及全国少年儿童抚养比整体呈现下降趋势，这说明我国自六七十年代以来实行的计划生育政策起到了良好的控制人口数量的作用，生育率的降低使得少年儿童总数减少，这是造成总抚养比降低的主要原因。同时，甘肃省老年人口抚养比整体在上升，生活条件的改善和医疗技术的进步，使得人的寿命越来越长，人口老龄化趋势明显。

老年人口抚养比的上升表明人口的老龄化给现有劳动力带来的负担越来越重。

图 4—3 显示，全国老年人口抚养比在持续上升，甘肃省老年人口抚养比的上升速度快于全国水平，这表明甘肃省老龄化问题日益严重。

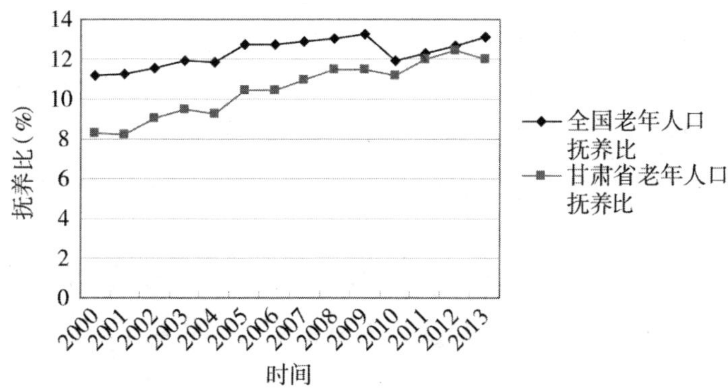

图 4—3　中国与甘肃省历年老年人口抚养比对比（2000—2013）

低生育率使年轻劳动力后备资源不足，老龄化又产生了社会生产能力降低及老年人社会保障和医疗保障等问题。这种趋势若得不到改善，必将给劳动力供给带来不利影响。

二　“五普”、“六普”甘肃省男性人力资源年龄结构变化

从甘肃省“五普”、“六普”男性人力资源年龄结构的对比来看，两次人口普查男性人力资源年龄结构的变化情况与人力资源总体结构的变化情况一致，25—29 岁和 30—34 岁两个年龄段所占比例明显减小，40—44 岁和 45—49 岁两个年龄段所占比例明显增大（见图 4—4）。这说明男性的青壮年人数相对减少，男性人力资源亦步入老龄化，且老龄化程度明显。

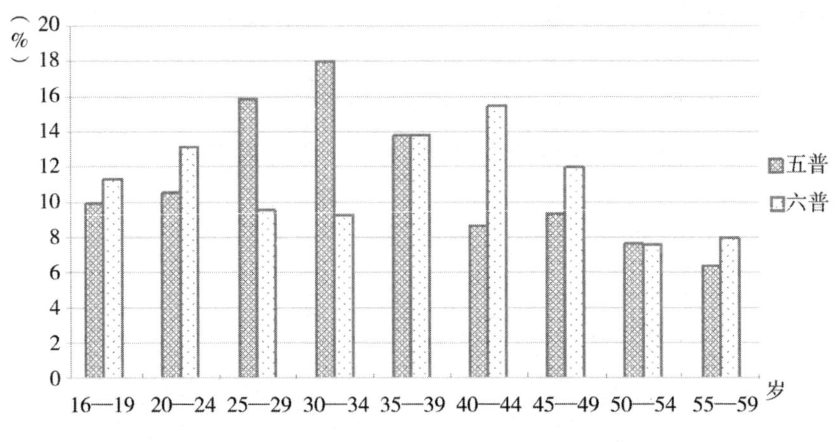

图4—4　甘肃省“五普”、“六普”男性人力资源结构比较

三　“五普”、“六普”甘肃省女性人力资源年龄结构动态变化

从甘肃省“五普”、“六普”女性人力资源年龄结构的对比分析来看，两次人口普查女性人力资源年龄结构的变化与人力资源总体结构的变化趋势一致，女性人力资源亦步入老龄化，且老龄化程度明显。

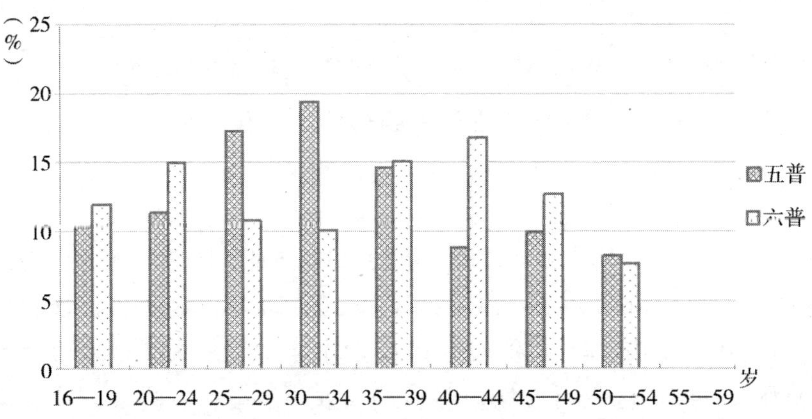

图4—5　甘肃省“五普”、“六普”女性人力资源结构比较

四　"五普"、"六普"甘肃省人力资源性别结构动态变化

由甘肃省"五普"、"六普"人力资源性别结构对比可知，"六普"甘肃省人力资源性别结构较"五普"无太大变化，女性和男性比例分别约为47%和53%。

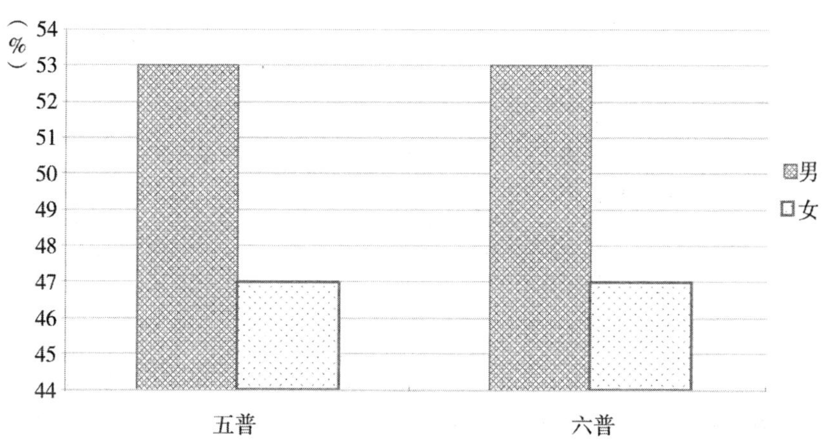

图4—6　甘肃省"五普"、"六普"人力资源性别结构

五　"五普"、"六普"甘肃省人力资源学历结构动态变化

由甘肃省"五普"、"六普"人力资源学历结构对比可知，"六普"甘肃省人力资源学历结构较"五普"有明显变化，其中未上过学的人员和小学学历人员所占比例明显减小，而初中学历人员、高中学历人员、大学专科学历人员及大学本科学历人员所占比例均明显增大。这表明甘肃省实行的普及义务教育的政策效果显著，全省人力资源受教育程度显著提高，高学历人才数量明显增加。

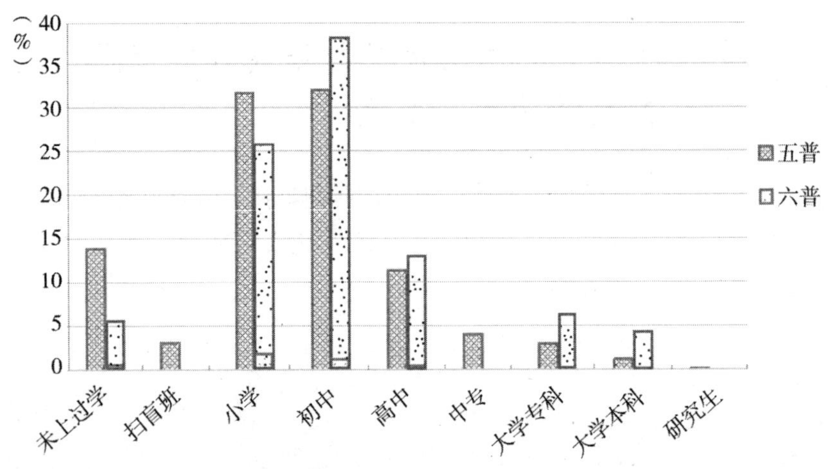

图 4—7 甘肃省“五普”、“六普”人力资源学历结构比较

六 “五普”、“六普”甘肃省人力资源地区结构

从甘肃省“五普”、“六普”人力资源地区结构对比可知，“六普”甘肃省人力资源地区结构情况较“五普”变化不大，其中天水市人力资源所占比例有所增加，这反映了天水市的经济发展速度较快，吸引了部分人力资源。临夏回族自治州人力资源增加幅度较大，甘南藏族自治州人力资源大幅提高，这和当地充分开发特色旅游资源，发展旅游经济，利用旅游产业带动餐饮、宾馆、旅游纪念品营销等服务业有关。其他人力资源明显增加的城市有：兰州、平凉、庆阳。金昌市人力资源减少，主要原因是金昌市是典型的资源型城市，资源枯竭带来的资源产业萎缩、产业效益下降，产业结构单一、替代产业尚未形成竞争优势，经济总量不足，地方财力薄弱，职工收入低于全国城市居民人均水平等结果形成人力资源流出效应（见图 4—8）。

甘肃省人力资源地区结构变化印证了人力资源结构与区域产业结构和经济结构相关的结论。目前，在我国经济转型、产业升级背景下，区域经济结构调整、产业升级势必带来人力资源地域结构的调整。从战略层面研究、提前布局人力资源、储备人力资源，配合经济结构调整与产业升级，而不是被动应对人力资源“自然”流动是甘肃省各级政府应该重点考虑的问题。

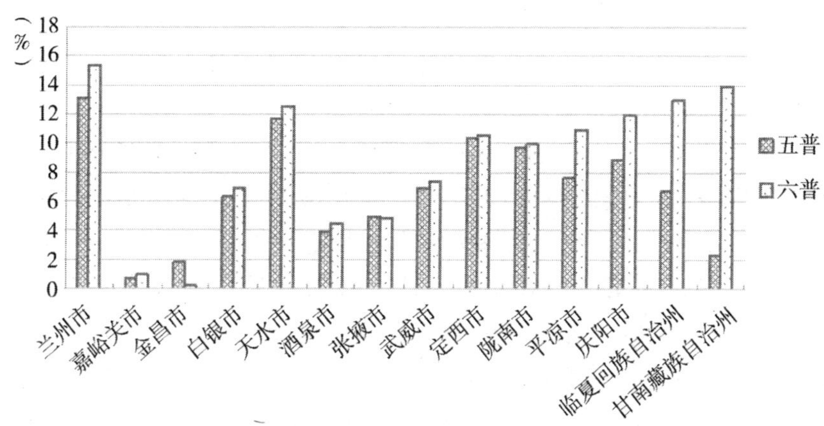

图 4—8　甘肃省“五普”、“六普”人力资源地区结构比较

七　“五普”、“六普”甘肃省人力资源中就业人员的产业结构

“五普”、“六普”产业结构分类的统计口径不完全一致，在描述分析各自就业人员产业结构时不影响各时代特征，所以数据不需要调整，但两个时代比较时，需统一口径，因而做如下调整。

1. “五普”第二产业结构中的采掘业与“六普”第二产业结构中的采矿业数据口径一致，在就业人员产业结构比较中，统一名称为采矿业。

2. 地质勘探、水利管理业在“五普”的产业分类中归于第二产业，在“六普”的产业分类中归于第三产业，其中地质勘探与科学研究、技术服务归于一项，水利、环境和公共设施管理业归于一项，在比较的过程中，以“六普”为标准进行相应调整，将“五普”的地质勘探、水利管理业归于第三产业，并与第三产业的科学研究和综合技术服务合并，为了方便比较，“六普”中的科学研究、技术服务和地质勘探业与水利、环境和公共设施管理业合并，统一名称为科学研究、技术服务、地质勘探和水利管理业。

3.“五普”中第三产业的批发零售贸易、餐饮业合为了一项，“六普”中第三产业的批发和零售、住宿和餐饮业是两项，为了方便比较，统一名称为“五普”中的批发零售贸易、餐饮业。

4.“五普”第三产业中的金融保险业与“六普”第三产业中的金融业统一名称为金融业。

5.“五普”第三产业中的社会服务业在“六普”中细分为租赁和商业服务业、居民服务和其他服务业这两类，为方便比较，将“六普”两项合并，统一名称为社会服务业。

6.“五普”第三产业中的卫生、体育和社会福利无法直接与“六普”进行比较，其中卫生和社会福利与“六普”第三产业中的卫生、社保和社会福利统计口径基本一致，为方便比较，统一名称为卫生、社保和社会福利。体育行业就业人员按以下方式进行剥离：根据2000年人口普查数据提供的样本数据，体育行业的从业人员为144人（不考虑退休人员），对10%的样本数据换算后可得甘肃省从事体育行业的人数为1440人。按照“五普”统计出来的人力资源各年龄段比例拆分体育就业人员，可得：16—19岁为145人，20—24岁为157人，25—29为238人，30—34岁为269人，35—39岁为204人，40—44岁为126人，45—49岁为139人，50—54岁为114人，55—59岁为49人。

7.“五普”第三产业中的教育、文化艺术和广播、电影电视业加上剥离出来的体育与“六普”中教育以及文化、体育、娱乐业两大类统计口径基本一致，为方便比较，统一名称为教育、体育、文化艺术和娱乐业。

8.“五普”第三产业中的国家机关、党政机关和社会团体与“六普”第三产业结构中的公共管理和社会组织统计口径基本一致，为方便比较，统一名称为公共管理和社会组织。

9.“五普”第三产业中的其他行业在“六普”中体现为信息传输、计算机服务和软件业以及国际组织者两项，为方便比较，将

"六普" 两项合并，统一名称为其他行业。

根据以上调整，"五普"、"六普" 中就业人员的产业结构数据更新如表 4—2、表 4—3、表 4—4。

表 4—2　　**调整后 "五普" 中就业人员的产业结构**　　（单位：人）

行业 / 年龄	总计	第一产业	第二产业			
		农林牧渔业	采矿业	制造业	电力、燃气及水的生产和供应业	建筑业
16—19 岁	834756	739723	2757	23368	935	8923
20—24 岁	1274850	978470	13530	62650	8490	20750
25—29 岁	2240380	1684440	29430	132640	49970	35260
30—34 岁	2592760	1997250	29560	148830	17240	39980
35—39 岁	1997810	1489130	22740	116000	13580	33970
40—44 岁	1216670	900020	13680	74240	10260	21460
45—49 岁	1303000	1039030	15810	66520	8490	16430
50—54 岁	99410	855660	9010	31260	3590	8310
55—59 岁	426010	366440	1640	9860	1210	3290
总计	11985646	10050163	138157	665368	113765	188373

行业 / 年龄	第三产业									
	交通运输、仓储、邮电通信业	批发零售贸易、餐饮业	金融业	房地产业	社会服务业	卫生、社会保障和社会福利业	教育、体育、艺术和娱乐业	科学研究、技术服务、地质勘探和水利管理业	公共管理和社会组织	其他行业
16—19 岁	8260	28599	633	214	11933	1433	7197	546	2883	273
20—24 岁	23880	60220	5980	1370	22990	11253	35557	4190	23450	2070
25—29 岁	48350	102140	14880	2760	31340	22062	54598	10610	47010	4890

续表

行业 年龄	第三产业									
	交通运输、仓储、邮电通信业	批发零售贸易、餐饮业	金融业	房地产业	社会服务业	卫生、社会保障和社会福利业	教育、体育、艺术和娱乐业	科学研究、技术服务、地质勘探和水利管理业	公共管理和社会组织	其他行业
30—34岁	54300	108470	17060	3050	2980	20581	7509	12180	51870	5100
35—39岁	47630	89190	14610	3220	23050	18666	53284	12970	54190	5680
40—44岁	28210	48190	6800	2510	15510	12034	35536	9100	35450	3670
45—49岁	19330	35460	4590	1700	11260	11931	30169	8180	30070	3430
50—54岁	8210	18140	2210	610	5420	7356	19674	3710	19140	1880
55—59岁	2630	7810	1080	230	2540	3861	10919	2080	11680	740
总计	240800	498219	67843	15664	127023	109177	254443	63566	275743	27733

表4—3 **调整后“六普”中就业人员的产业结构**

行业 年龄	总数	第一产业	第二产业				第三产业	
		农林牧渔业	采矿业	制造业	电力、燃气及水的生产和供应业	建筑业	交通运输、仓储、邮电通信业	批发零售贸易、餐饮业
16—19岁	476610	368530	1680	15860	970	17240	4230	48270
20—24岁	1411060	987010	11210	57700	6600	60540	26500	154200
25—29岁	1381670	830260	17540	66420	10250	63970	41590	153990
30—34岁	1384020	826060	20600	70600	13880	63510	49840	143880
35—39岁	2160670	1427230	29650	109570	21590	94860	71420	180480

续表

行业 / 年龄	总数	第一产业	第二产业				第三产业	
		农林牧渔业	采矿业	制造业	电力、燃气及水的生产和供应业	建筑业	交通运输、仓储、邮电通信业	批发零售贸易、餐饮业
40—44 岁	2452430	1739300	29040	114830	20540	94740	66170	163850
45—49 岁	1857940	1352050	18890	78220	13440	59170	45810	103860
50—54 岁	1018420	790790	8070	34570	7250	24180	20150	39850
55—59 岁	562780	455280	3600	15930	3580	12680	8000	16340
总计	12705600	8776510	140280	563700	98100	490890	333710	1004720

行业 / 年龄	第三产业							
	金融业	房地产业	社会服务业	科学研究、技术服务、地质勘探和水利管理业	卫生、社会保障和社会福利业	教育、体育、文化艺术和娱乐业	公共管理和社会组织	其他行业
16—19 岁	300	470	10190	450	1440	3730	2110	1140
20—24 岁	6450	3050	29560	3160	12610	25940	17730	8800
25—29 岁	11950	4600	28380	7300	20910	65280	48450	10780
30—34 岁	11610	5190	25620	9050	19170	60850	54940	9220
35—39 岁	17240	6810	33260	13330	23080	56520	68470	7160
40—44 岁	18270	7780	30980	14640	19150	56740	70680	5720
45—49 岁	13650	6680	22060	12690	16620	47660	63260	3880
50—54 岁	5370	3670	10400	6460	7860	26640	31400	1760
55—59 岁	2160	1740	4720	3020	3830	13800	17410	690
总计	87000	39990	195170	70100	124670	357160	374450	49150

表 4—4 **调整后“五普”、“六普”中就业人员的产业结构对比** （单位：%）

产业	第一产业	第二产业	第三产业
“五普”比例	78.30	8.84	12.86
“六普”比例	69.08	10.18	20.75

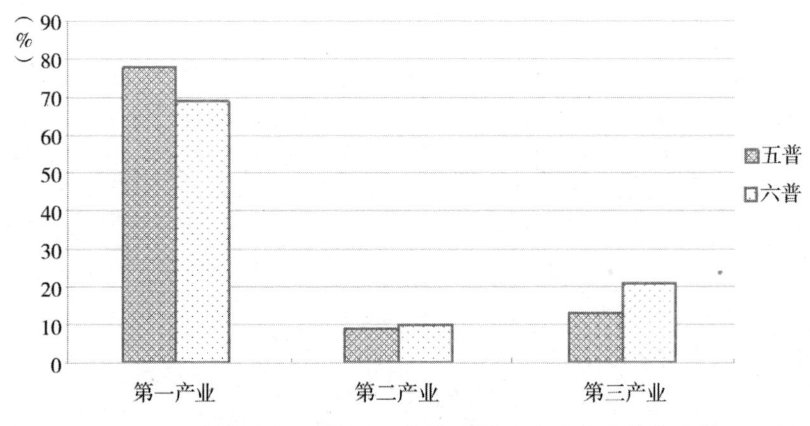

图 4—9 甘肃省“五普”、“六普”就业人员产业结构比较

从甘肃省“五普”、“六普”人力资源中就业人员产业结构对比可知，第六次人口普查甘肃省人力资源中就业人员产业结构较第五次人口普查有明显变化，其中第一产业变化最大，其比重由第五次人口普查的78.30%下降到第六次人口普查的69.08%；而第二产业所占比重由8.84%上升到10.18%；第三产业所占比重显著增加，由12.86%增加到20.75%。这表明甘肃省人力资源中从事第一产业的就业人员正在向第二、三产业转移，第二、三产业发展迅速，产业结构趋于合理，社会经济发展较快，正逐步改变第一产业所占比重过大而第二、三产业较弱的现状。

八 “五普”、“六普”甘肃省人力资源中就业人员的第二产业结构

从甘肃省“五普”、“六普”人力资源中就业人员第二产业结

构对比可知，第六次人口普查甘肃省人力资源中就业人员第二产业结构相较第五次人口普查有明显变化，建筑业所占比例有很大提高，而制造业、采矿业、电力、燃气及水的生产和供应业所占比例均大幅度减小，这是由于近几年房地产业快速发展，以及城市化进程逐步加快，使得建筑业随即迅速发展，从而需要吸纳大量的就业人员，因此导致了就业人员从制造业等行业向建筑业转移，传统制造业已经逐渐失去了第二产业的先导和主体地位。

表4—5　　**调整后“五普”、“六普”甘肃省就业人员的第二产业结构对比**　　（单位：%）

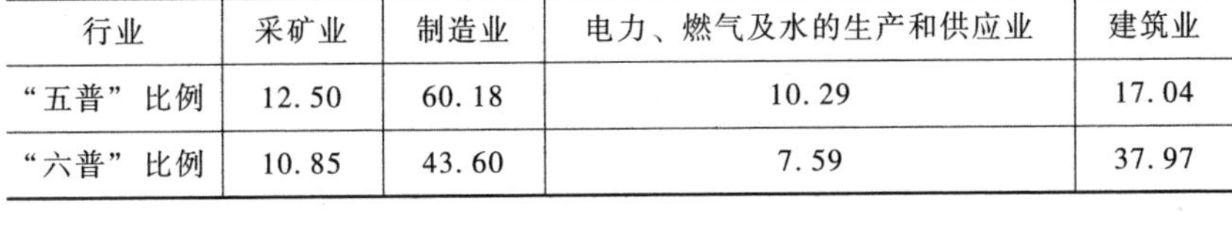

行业	采矿业	制造业	电力、燃气及水的生产和供应业	建筑业
“五普”比例	12.50	60.18	10.29	17.04
“六普”比例	10.85	43.60	7.59	37.97

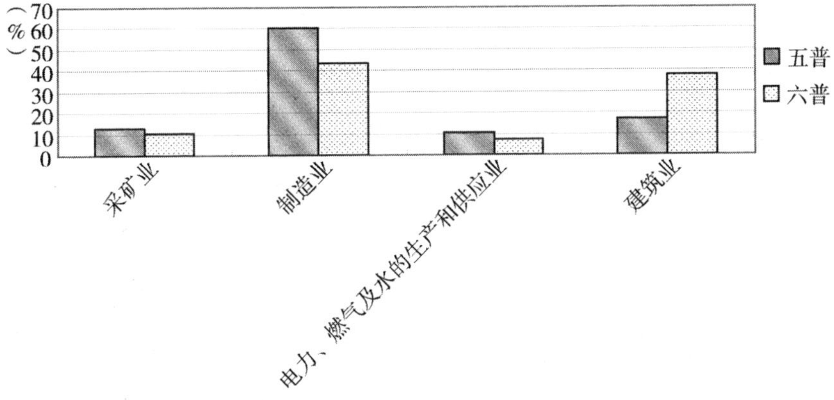

图4—10　甘肃省“五普”、“六普”就业人员第二产业结构比较

九　“五普”、“六普”甘肃省人力资源中就业人员的第三产业结构

从甘肃省“五普”、“六普”人力资源中就业人员第三产业结构对比可知，第六次人口普查甘肃省人力资源中就业人员第三产业

结构较第五次人口普查也有一些变化，其中批发零售业和住宿餐饮业的总和所占比例有所增加，由29.65%增加到38.11%，在第三产业中占主要地位，这反映了市场活跃程度逐步提高。此外房地产业所占比重的增大是由于近几年房地产市场的活跃所致。

表4—6　**调整后“五普”、“六普”甘肃省就业人员的第三产业结构对比**　（单位：%）

行业	交通运输、仓储、邮电通信业	批发零售贸易、餐饮业	金融业	房地产业	社会服务业	卫生、社会保障和社会福利业	教育、体育、艺术和娱乐业	科学研究、技术服务、地质勘探和水利管理业	公共管理和社会组织	其他行业
“五普”比例	14.33	29.65	4.04	0.93	7.56	6.50	15.14	3.78	16.41	1.65
“六普”比例	12.66	38.11	3.30	1.52	7.40	4.73	13.55	2.66	14.20	1.86

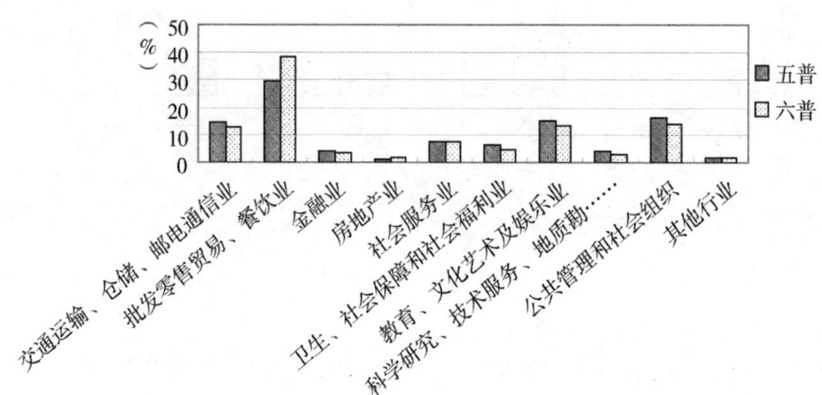

图4—11　甘肃省“五普”、“六普”人力资源中就业人员第三产业结构比较

十　“五普”、“六普”甘肃省人力资源中男性就业人员的产业结构

按照甘肃省人力资源就业人员的产业结构数据调整，将“五

普”、“六普”男性就业人员的产业结构数据更新如下：

表 4—7　**调整后“五普”甘肃省男性就业人员分年龄、行业的数量**　（单位：人）

行业 / 年龄	总计	第一产业	第二产业			
		农林牧渔业	采矿业	制造业	电力、燃气及水的生产和供应业	建筑业
16—19 岁	393319	347743	1818	9538	662	7487
20—24 岁	651640	489110	10030	33680	5010	17700
25—29 岁	1166740	837330	20930	75870	12440	29190
30—34 岁	1351000	991420	21290	84920	10680	32980
35—39 岁	1051970	739770	17180	65520	8420	27010
40—44 岁	664200	460000	10920	45470	6720	16750
45—49 岁	713190	519840	14210	48470	6410	14210
50—54 岁	554370	441180	8380	27120	3290	7830
55—59 岁	426010	366440	1640	9860	1210	3290
总计	6972439	5192833	106398	400448	54842	156447

行业 / 年龄	第三产业									
	交通运输、仓储、邮电通信业	批发零售贸易、餐饮业	金融业	房地产业	社会服务业	卫生、社会保障和社会福利业	教育、体育、艺术和娱乐业	科学研究、技术服务、地质勘探和水利管理业	公共管理和社会组织	其他行业
16—19 岁	3991	13352	280	140	3077	382	2406	354	1911	177
20—24 岁	17800	27380	2870	710	9190	3590	16080	2600	14560	1330
25—29 岁	37360	50150	7630	1470	15380	9254	28746	6610	31260	3120
30—34 岁	41040	53110	9320	1540	15100	9342	32098	7990	36990	3180
35—39 岁	35120	44960	8290	1750	11720	7496	33184	8500	39410	3640
40—44 岁	21050	25650	4330	1540	7680	5162	24468	5910	26030	2520

续表

行业 / 年龄	第三产业									
	交通运输、仓储、邮电通信业	批发零售贸易、餐饮业	金融业	房地产业	社会服务业	卫生、社会保障和社会福利业	教育、体育、艺术和娱乐业	科学研究、技术服务、地质勘探和水利管理业	公共管理和社会组织	其他行业
45—49 岁	16920	21530	3200	1220	6800	6021	21909	5990	23820	2640
50—54 岁	7670	12760	1700	520	4010	5123	14077	3110	16040	1560
55—59 岁	2630	7810	1080	230	2540	3904	10876	2080	11680	740
总计	183581	256702	38700	9120	75497	50274	183844	43144	201701	18907

表 4—8 **调整后“六普”甘肃省男性就业人员分年龄、行业的数量** （单位：人）

行业 / 年龄	总数	第一产业	第二产业				第三产业	
		农林牧渔业	采矿业	制造业	电力、燃气及水的生产和供应业	建筑业	交通运输、仓储、邮电通信业	批发零售贸易、餐饮业
16—19 岁	250160	187820	1260	9100	770	14870	3560	22190
20—24 岁	699510	466490	8710	35880	4630	49930	21530	63870
25—29 岁	718540	405780	13310	42070	6830	52380	33490	68120
30—34 岁	736720	407370	16260	44030	8620	51430	39600	64890
35—39 岁	1134710	688490	22500	67000	13790	77230	56840	83560
40—44 岁	1285220	842720	22060	71370	12910	77610	51240	78750
45—49 岁	1000700	673590	14900	51710	9040	49650	34570	53280
50—54 岁	589890	417820	7290	28180	5960	21470	17030	24520

续表

行业 年龄	总数	第一产业	第二产业				第三产业	
		农林牧渔业	采矿业	制造业	电力、燃气及水的生产和供应业	建筑业	交通运输、仓储、邮电通信业	批发零售贸易、餐饮业
55—59岁	562780	455280	3600	15930	3580	12680	8000	16340
总计	6978230	4545360	109890	365270	66130	407250	265860	475520

行业 年龄	第三产业							
	金融业	房地产业	社会服务业	科学研究、技术服务、地质勘探和水利管理业	卫生、社会保障和社会福利业	教育、文化、体育和娱乐业	公共管理和社会组织	其他组织
16—19岁	160	340	5290	330	300	1930	1710	530
20—24岁	2950	1580	15140	2100	2500	9770	10540	3890
25—29岁	5550	2660	14280	4460	6830	28350	29110	5320
30—34岁	5290	2630	13120	5620	7950	29930	34540	5440
35—39岁	8450	3430	17200	7530	9880	30360	44290	4160
40—44岁	9700	4090	16330	8280	8250	31350	47150	3410
45—49岁	7890	4080	11910	7850	7230	29080	43270	2650
50—54岁	3720	3040	6640	4890	3920	19590	24610	1210
55—59岁	2160	1740	4720	3020	3830	13800	17410	690
总计	45870	23590	104630	44080	50690	194160	252630	27300

表4—9　**调整后"五普"、"六普"中男性就业人员的产业结构对比**　（单位：%）

产业	第一产业	第二产业	第三产业
"五普"比例	74.48	10.30	15.22
"六普"比例	65.14	13.59	21.27

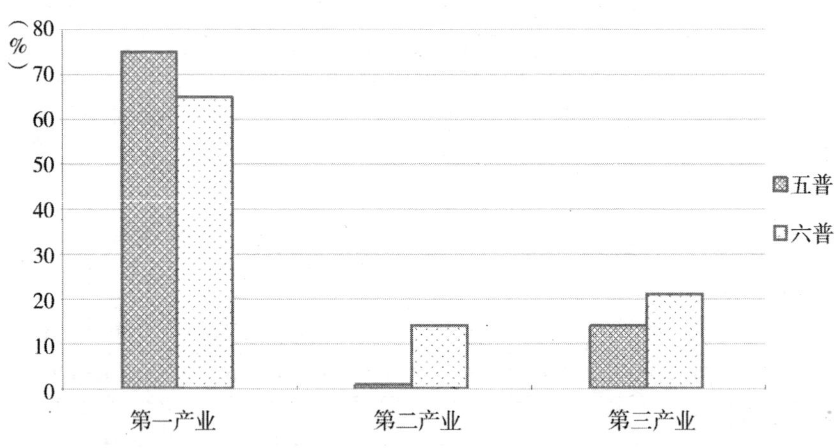

图 4—12　甘肃省“五普、六普”男性就业人员产业结构比较

从甘肃省“五普”、“六普”人力资源中男性就业人员产业结构对比可知，第六次人口普查甘肃省人力资源中男性就业人员产业结构相较第五次人口普查有明显变化，从事第一产业的男性就业人员明显减少，而从事第二产业和第三产业的男性就业人员明显增加，这反映了大量的男性劳动力从农村向城市转移，从农业向制造业、建筑业以及批发零售、住宿餐饮业等行业转移，促进了甘肃省第二产业和第三产业的发展，有利于经济社会的发展和加快城市化进程。

十一　“五普”、“六普”甘肃省人力资源中男性就业人员的第二产业结构

从甘肃省“五普”、“六普”人力资源中男性就业人员第二产业结构对比可知，第六次人口普查甘肃省人力资源中男性就业人员第二产业结构较第五次人口普查变化较大，其中从事建筑业的男性就业人员所占比例大幅增加，由第五次人口普查的21.79%增加到第六次人口普查时的42.93%，成为第二产业中所占比例最大的行业。而制造业所占比例明显减小，由第五次人口普查时的55.76%

减小到第六次人口普查时的38.51%，这说明男性就业人员由制造业向建筑业转移，这是由于甘肃省的城市化建设以及房地产业的活跃使得建筑业发展迅速，而甘肃省制造业的发展相对有所减弱。

表4—10　　**调整后“五普”、“六普”甘肃省男性就业人员的第二产业结构对比**　　（单位：%）

行业	采矿业	制造业	电力、燃气及水的生产和供应业	建筑业
“五普”比例	14.82	55.76	7.64	21.79
“六普”比例	11.59	38.51	6.97	42.93

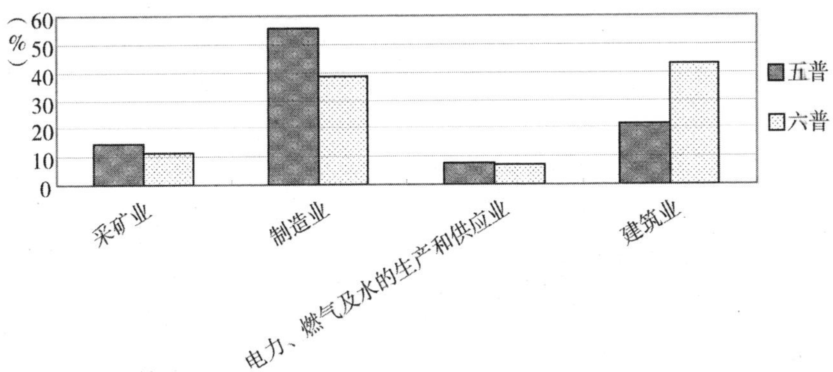

图4—13　甘肃省“五普”、“六普”男性就业人员第二产业结构比较

十二　“五普”、“六普”甘肃省人力资源中男性就业人员的第三产业结构

从甘肃省“五普”、“六普”人力资源中男性就业人员第三产业结构对比可知，第六次人口普查甘肃省人力资源中男性就业人员第三产业结构较第五次人口普查变化不大，其中从事批发零售贸易、餐饮业以及交通运输、仓储、邮电通信业的人数有所增加，这表明了房地产市场的快速发展以及电子商务的兴起对运输、仓储等起到了促进作用。

表4—11　　调整后“五普”、“六普”甘肃省男性就业人员在第三产业中分布对比　　（单位：%）

行业	交通运输、仓储、邮电通信业	批发零售贸易、餐饮业	金融业	房地产业	社会服务业	卫生、社会保障和社会福利业	教育、体育、艺术和娱乐业	科学研究、技术服务、地质勘探和水利管理业	公共管理和社会组织	其他行业
“五普”比例	17.29	24.18	3.65	0.86	7.11	4.74	17.32	4.06	19.00	1.78
“六普”比例	17.91	32.04	3.09	1.59	7.05	3.42	13.08	2.97	17.02	1.84

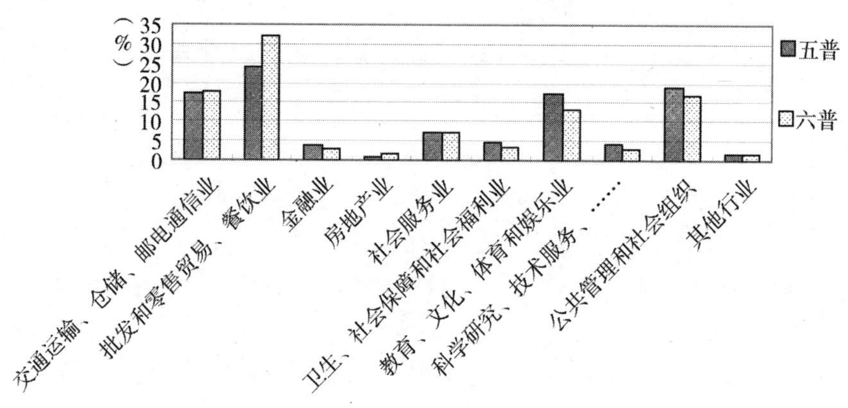

图4—14　甘肃省“五普”、“六普”男性就业人员第三产业结构比较

十三　“五普”、“六普”甘肃省人力资源中女性就业人员的产业结构

按照甘肃省人力资源就业人员的产业结构数据调整，将“五普”、“六普”女性就业人员的产业数据更新如下：

表 4—12　　**调整后“五普”甘肃省女性就业人员分年龄、行业数量**　　（单位：人）

年龄＼行业	总计	第一产业	第二产业			
		农林牧渔业	采矿业	制造业	电力、燃气及水的生产和供应业	建筑业
16—19 岁	407988	362344	825	12902	234	1060
20—24 岁	623210	489360	3500	28970	3480	3050
25—29 岁	1073640	847110	8500	56770	7530	6070
30—34 岁	1241760	1005830	8270	63910	6560	7000
35—39 岁	945940	749360	5560	50480	5160	6960
40—44 岁	552470	440020	2760	28770	3540	4710
45—49 岁	589810	519190	1600	18050	2080	2220
50—54 岁	439810	414480	630	4140	300	480
总计	5874628	4827694	31645	263992	28884	31550

年龄＼行业	第三产业									
	交通运输、仓储、邮电通信业	批发零售贸易、餐饮业	金融业	房地产业	社会服务业	卫生、社会保障和社会福利业	教育、体育、艺术和娱乐业	科学研究、技术服务、地质勘探和水利管理业	公共管理和社会组织	其他行业
16—19 岁	1125	14102	328	66	8392	1077	4427	169	853	84
20—24 岁	6080	32840	3110	660	13800	7758	19382	1590	8890	740
25—29 岁	10990	51990	7250	1290	15960	12950	25710	4000	15750	1770
30—34 岁	13260	55360	7740	1510	14680	11401	25249	4190	14880	1920
35—39 岁	12510	44230	6320	1470	11330	11293	19977	4470	14780	2040
40—44 岁	7160	22540	2470	970	7830	6949	10991	3190	9420	1150
45—49 岁	3010	13930	1390	480	4460	5994	8176	2190	6250	790
50—54 岁	540	5380	510	90	1410	2302	5528	600	3100	320
总计	54675	240372	29118	6536	77862	59725	119439	20399	73923	8814

表 4—13 “六普”甘肃省女性就业人员分年龄、行业的数量 （单位：人）

年龄＼行业	总数	第一产业	第二产业				第三产业	
		农林牧渔业	采矿业	制造业	电力、燃气及水的生产和供应业	建筑业	交通运输、仓储、邮电通信业	批发零售贸易、餐饮业
16—19 岁	226450	180710	420	6760	200	2370	670	26080
20—24 岁	711550	520520	2500	21820	1970	10610	4970	90330
25—29 岁	663130	424480	4230	24350	3420	11590	8100	85870
30—34 岁	647300	418690	4340	26570	5260	12080	10240	78990
35—39 岁	1025960	738740	7150	42570	7800	17630	14580	96920
40—44 岁	1167210	896580	6980	43460	7630	17130	14930	85100
45—49 岁	857240	678460	3990	26510	4400	9520	11240	50580
50—54 岁	428530	372970	780	6390	1290	2710	3120	15330
总计	5727370	4231150	30390	198430	31970	83640	67850	529200

年龄＼行业	第三产业							
	金融业	房地产业	社会服务业	科学研究、技术服务、地质勘探和水利管理业	卫生、社会保障和社会福利业	教育、文化、体育和娱乐业	公共管理和社会组织	其他组织
16—19 岁	140	130	4900	120	1140	1800	400	610
20—24 岁	3500	1470	14420	1060	10110	16170	7190	4910
25—29 岁	6400	1940	14100	2840	14080	36930	19340	5460
30—34 岁	6320	2560	12500	3430	11220	30920	20400	3780
35—39 岁	8790	3380	16060	5800	13200	26160	24180	3000
40—44 岁	8570	3690	14650	6360	10900	25390	23530	2310
45—49 岁	5760	2600	10150	4840	9390	18580	19990	1230
50—54 岁	1650	630	3760	1570	3940	7050	6790	550
总计	41130	16400	90540	26020	73980	163000	121820	21850

表 4—13　**调整后“五普”、“六普”中女性就业人员的产业结构对比**　（单位：%）

产业	第一产业	第二产业	第三产业
“五普”比例	82.18	6.06	11.76
“六普”比例	73.88	6.01	20.11

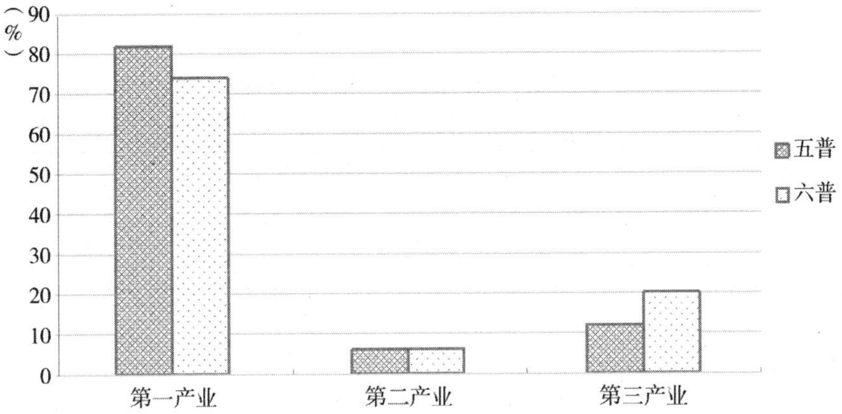

图 4—15　甘肃省“五普”、“六普”女性就业人员产业结构比较

从甘肃省“五普”、“六普”人力资源中女性就业人员产业结构对比可知，第六次人口普查甘肃省人力资源中女性就业人员产业结构相较第五次人口普查有明显变化，从事第一产业的女性就业人员明显减少，而从事第三产业的女性就业人员明显增加，这符合甘肃省整体经济结构变化趋势，反映了大量的女性劳动力从农村向城市转移，从农业向批发零售贸易、餐饮业等行业转移，促进了甘肃省第三产业的发展。

十四　“五普”、“六普”甘肃省人力资源中女性就业人员的第二产业结构

从甘肃省“五普”、“六普”人力资源中女性就业人员第二产业结构对比可知，第六次人口普查甘肃省人力资源中女性就业人员

第二产业结构较第五次人口普查变化较大，其中从事建筑业的女性就业人员所占比例大幅增加，由第五次人口普查时的8.86%增加到第六次人口普查时的24.28%，而制造业所占比例明显减小，由第五次人口普查时的74.14%减小到第六次人口普查时的57.61%，这说明女性就业人员由制造业向建筑业转移，这是由于甘肃省的城市化建设以及房地产业的活跃使得建筑业发展迅速，而甘肃省制造业的发展相对有所减弱。

表4—14 调整后“五普”、“六普”甘肃省女性就业人员的第二产业结构对比 （单位：%）

行业	采矿业	制造业	电力、燃气及水的生产和供应业	建筑业
“五普”比例	8.89	74.14	8.11	8.86
“六普”比例	8.82	57.61	9.28	24.28

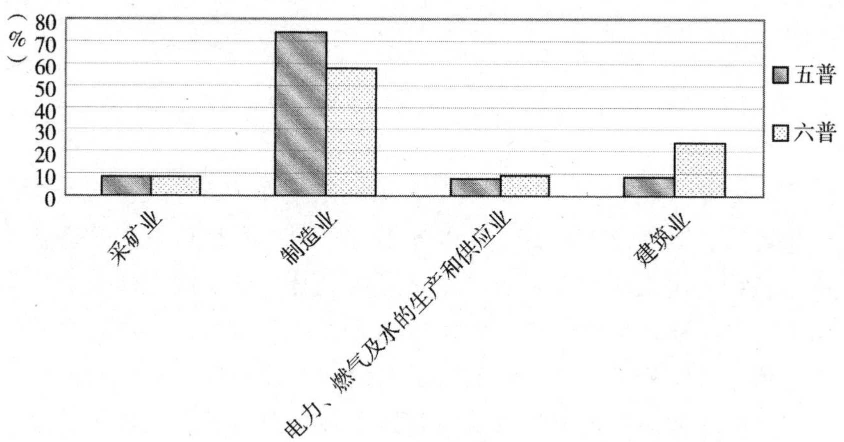

图4—16 甘肃省“五普”、“六普”女性就业人员第二产业结构比较

十五 “五普”、“六普”甘肃省人力资源中女性就业人员的第三产业结构

从甘肃省“五普”、“六普”人力资源中女性就业人员第三产业结构的对比可知，第六次人口普查甘肃省人力资源中女性就业人

员第三产业结构较第五次人口普查变化不大，其中从事批发零售贸易、餐饮业的女性就业人员所占比例有所增加，这表明了整个消费品市场的快速发展。

表 4—15 调整后“五普”、“六普”甘肃省女性就业人员的第三产业结构对比 （单位：%）

行业	交通运输、仓储、邮电通信业	批发零售贸易、餐饮业	金融业	房地产业	社会服务业	卫生、社会保障和社会福利业	教育、体育、艺术和娱乐业	科学研究、技术服务、地质勘探和水利管理业	公共管理和社会组织	其他行业
“五普”比例	7.91	34.79	4.21	0.95	11.27	8.64	17.29	2.95	10.70	1.28
“六普”比例	5.89	45.95	3.57	1.42	7.86	6.42	14.15	2.26	10.58	1.90

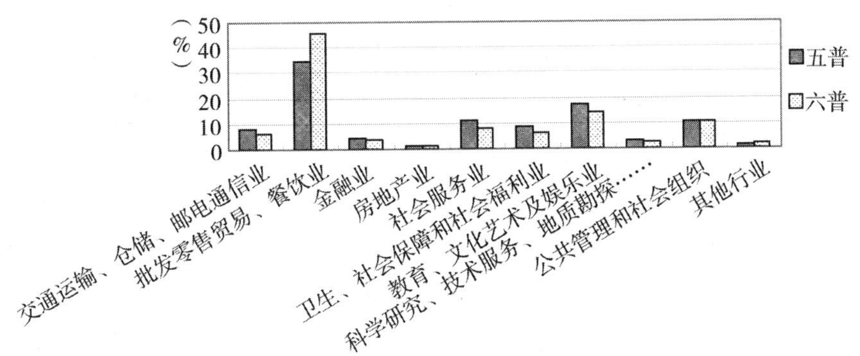

图 4—15 甘肃省“五普”、“六普”女性就业人员第三产业结构比较

第五章

甘肃省退休人力资源结构

一 “五普”退休人力资源结构

由于人口结构老龄化及社会、经济压力较大等问题，部分60岁以上人口仍在工作，故将男性60—64周岁、女性55—59周岁也做了相应统计，分析退休人力资源结构状况。

（一）“五普”甘肃省退休人力资源数量、性别、年龄情况

由表5—1、图5—1可以看出，根据“五普”资料，在全省退休人力资源中，女性比例为51.6%，男性比例为48.4%，这说明甘肃省退休人力资源中女性比例较大。

表5—1 “五普”甘肃省退休人力资源数量及分性别、年龄结构

年龄	男（人）	女（人）	比例（%）
55—59岁	0	484201	51.6
60—64岁	454234	0	48.4
总计	454234	484201	100

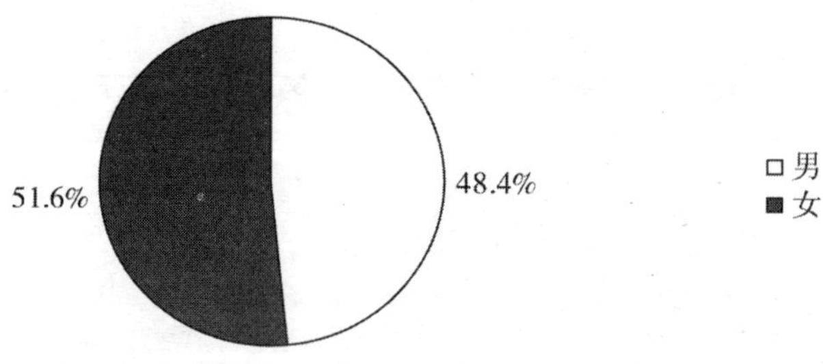

图5—1 “五普”甘肃省退休人力资源性别结构

（二）“五普”甘肃省退休人力资源学历结构

从表5—2、表5—3、图5—2情况可以看出，甘肃省退休人力资源受教育情况中，未上过学人员最多，所占比例为40.43%；其次是小学学历人员，占32.79%；只参加过扫盲班的人群所占比例为7.36%；大学专科和研究生比例最少，分别占0.92%和0.014%。

从资料中可以得出，甘肃省退休人力资源中未上过学的人群所占比例最大，小学学历人员所占比例也较大，这反映出退休人力资源的受教育水平普遍偏低。退休人力资源中高中以上学历人员所占比例很小，表明甘肃省退休人力资源中受到高等教育的人员很少。

表5—2　　**“五普”甘肃省退休人力资源分年龄受教育结构**　　（单位：人）

学历＼年龄	总计	未上过学	扫盲班	小学	初中	高中	中专	大学专科	大学本科	研究生
55—59岁女	484201	240915	40819	135803	43921	10037	8280	1813	2586	27
60—64岁男	454234	138490	28217	171947	67012	18369	15796	6820	7480	103
总计	938435	379405	69036	307750	110933	28406	24076	8633	10066	130

表5—3　　**甘肃省退休人力资源分年龄受教育人数占人力资源总量的比例**　　（单位：%）

学历＼年龄	总计	未上过学	扫盲班	小学	初中	高中	中专	大学专科	大学本科	研究生
55—59岁女	51.60	25.67	4.35	14.47	4.68	1.07	0.88	0.19	0.28	0.003
60—64岁男	48.40	14.76	3.01	18.32	7.14	1.96	1.68	0.73	0.80	0.011
总计	100	40.43	7.36	32.79	11.82	3.03	2.57	0.92	1.07	0.014

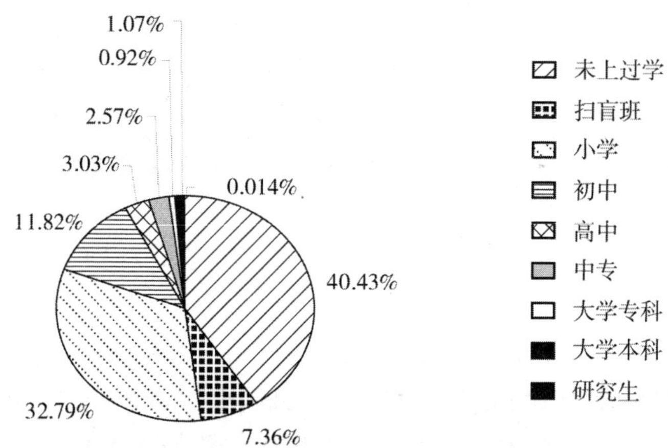

图 5—2　“五普”甘肃省退休人力资源学历结构

（三）“五普”甘肃省退休人力资源地区结构

由于“五普”资料的地区年龄划分为 15—64 岁，我们采取比例返还换算，即分别求出全省 55—59 岁女性、60—64 岁男性人口占全省总人口的比例，再乘以各地区人口数得出退休人力资源总数，结果如表 5—4、表 5—5、图 5—3。

表 5—4　“五普”甘肃省退休人力资源分地区年龄结构　（单位：人）

地区	退休人员人力资源数	退休人员人力资源数	
		55—59 岁女性	60—64 岁男性
兰州市	129210	66668	62542
嘉峪关市	6896	3558	3338
金昌市	18188	9384	8804
白银市	62384	32188	30196
天水市	115610	59651	55959
酒泉市	39010	20128	18882
张掖市	49020	25293	23727
武威市	68194	35186	33008

续表

地区	退休人员人力资源数	退休人员人力资源数	
		55—59 岁女性	60—64 岁男性
定西市	102209	52736	49473
陇南市	95663	49359	46304
平凉市	75410	38909	36501
庆阳市	87488	45141	42347
临夏回族自治州	65950	34028	31922
甘南藏族自治州	23201	11971	11230
总计	938433	484200	454233

表 5—5　　“五普”甘肃省退休人力资源占人力资源总量的百分比　　（单位：%）

地区	退休人员人力资源比例	55—59 岁女性	60—64 岁男性
兰州市	13. 77	7. 10	6. 66
嘉峪关市	0. 73	0. 38	0. 36
金昌市	1. 94	1. 00	0. 94
白银市	6. 65	3. 43	3. 22
天水市	12. 32	6. 36	5. 96
酒泉市	4. 16	2. 14	2. 01
张掖市	5. 22	2. 70	2. 53
武威市	7. 27	3. 75	3. 52
定西市	10. 89	5. 62	5. 27
陇南市	10. 19	5. 26	4. 93
平凉市	8. 04	4. 15	3. 89
庆阳市	9. 32	4. 81	4. 51
临夏回族自治州	7. 03	3. 63	3. 40
甘南藏族自治州	2. 47	1. 28	1. 20
总计	100	51. 60	48. 40

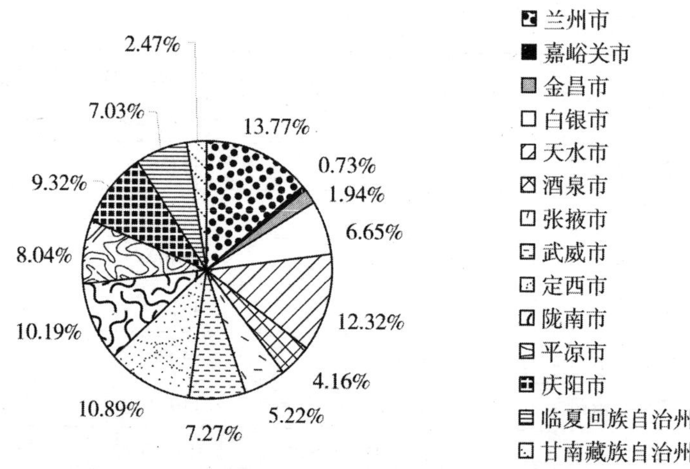

图 5—3 "五普"甘肃省退休人力资源地区结构

由表 5—4、表 5—5、图 5—3 可知，兰州市退休人力资源数最多，约占 13.77%，其次是天水市占 12.32%，定西、陇南及庆阳均占 10%左右，金昌市、嘉峪关市最少，所占比例分别为 1.94%和 0.73%。

从上述数据分析可以得出，甘肃省退休人力资源分布在兰州市和天水市的最多，这和甘肃省人力资源总体地区分布呈正相关关系，人力资源较多的地区，退休人力资源也较多。在每个地区的退休人力资源分布中，55—59 岁女性比例均大于 60—64 岁男性比例。

（四）"五普"甘肃省人力资源民族结构

由于甘肃省民族分布较多，且少数民族人力资源数量过少，为了便于统计，根据"五普"资料对被调查人数大于 1 万人的民族进行单独统计，小于 1 万人的民族统一合并统计，结果如表 5—6、表 5—7、图 5—4。

表 5—6 **"五普"甘肃省退休人力资源分年龄、民族结构** （单位：人）

年龄	总计	汉族	蒙古族	回族	藏族	满族
55—59 岁女	484201	443673	398	22796	8214	309
60—64 岁男	454234	419619	239	20323	6224	477
总计	938435	863292	637	43119	14438	786

续表

年龄	东乡族	土族	撒拉族	保安族	裕固族	其他民族
55—59岁女	7425	443	160	278	226	279
60—64岁男	6250	300	156	211	187	248
总计	13675	743	316	489	413	527

表5—7　　**"五普"甘肃省退休人力资源分年龄、民族人数占人力资源总量的百分比**　　（单位：%）

民族 / 年龄	总计	汉族	蒙古族	回族	藏族	满族	东乡族	土族	撒拉族	保安族	裕固族	其他民族
55—59岁女	51.60	47.28	0.04	2.43	0.88	0.03	0.79	0.05	0.02	0.03	0.02	0.03
60—64岁男	48.40	44.71	0.03	2.17	0.66	0.05	0.67	0.03	0.02	0.02	0.02	0.03
总计	100	91.99	0.07	4.60	1.54	0.08	1.46	0.08	0.04	0.05	0.04	0.06

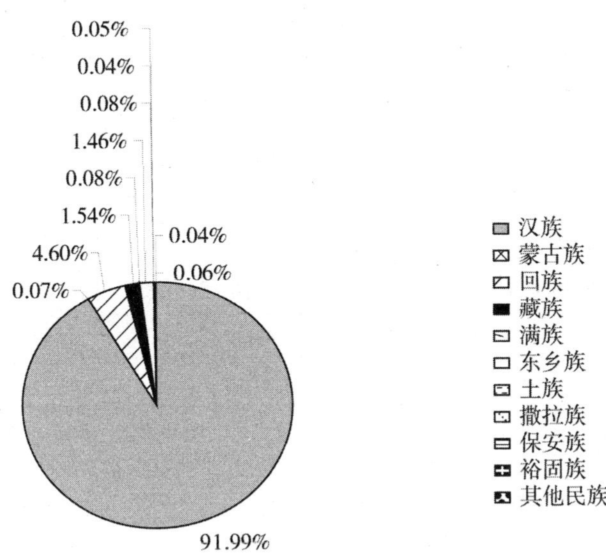

图5—4　"五普"甘肃省退休人力资源民族结构

由表5—6、表5—7、图5—4可知，在甘肃省退休人力资源中，汉族退休人力资源数最多，约占91.99%，其次是回族占4.60%，藏族和东乡族占1.5%左右，其他民族所占比重较小，与甘肃省民族分布相似。

（五）“五普”甘肃省退休人力资源中分年龄、行业的就业人员结构

从表5—8、表5—9、图5—5、图5—6、图5—7可以看出，甘肃省退休人力资源的就业人员中，第一产业所占比例最大，占退休人力资源总数的58.02%，占就业人员的95%。第二产业人员占退休人力资源就业人口总数的1%。第三产业人员占退休人力资源就业人员总数的4%。第二产业中制造业和建筑业就业人口最多，分别占58%和17%；采掘业占15%；电力、燃气及水的生产和供应业占6%。第三产业中，批发零售、贸易、餐饮业所占比例最大，约为33%；其次是国家机关、党政机关和社会团体，教育、文化、艺术及广播电影电视业，卫生、体育和社会福利业，分别占17%、17%和14%；房地产业所占比例最小，为0.01%。

表5—8　　**“五普”甘肃省就业人员分年龄、行业的退休人力资源数量**　　（单位：人）

行业 年龄	总计	第一产业	第二产业				
		农林牧渔业	采掘业	制造业	电力、燃气及水的生产和供应业	建筑业	地质勘探、水利管理业
55—59岁女	298510	289130	310	1420	80	130	40
60—64岁男	274650	255390	470	2910	350	1130	290
总计	573160	544520	780	4330	430	1260	330

行业 年龄	第三产业									
	交通运输、仓储、邮电通信业	批发零售贸易、餐饮业	金融保险业	房地产业	社会服务业	卫生、体育和社会福利业	教育、文化艺术及广播电影电视业	科学研究和综合技术服务业	国家机关、党政机关和社会团体	其他行业
55—59岁女	140	2770	90	20	580	990	1130	170	1150	60

续表

行业 年龄	第三产业									
	交通运输、仓储、邮电、通信业	批发零售贸易、餐饮业	金融保险业	房地产业	社会服务业	卫生、体育和社会福利业	教育、文化艺术及广播电影电视业	科学研究和综合技术服务业	国家机关、党政机关和社会团体	其他行业
60—64岁男	870	4210	210	80	1300	1930	2450	490	2370	200
总计	1010	6980	300	100	1880	2920	3580	660	3520	260

表5—9　**“五普”甘肃省就业人员分年龄、行业的退休人力资源占人力资源总量的百分比**　（单位：%）

行　业 年　龄	总计	第一产业	第二产业				
		农林牧渔业	采掘业	制造业	电力、燃气及水的生产和供应业	建筑业	地质勘探、水利管理业
55—59岁女	31.78	30.81	0.07	0.15	0.01	0.01	0.00
60—64岁男	29.27	27.21	0.05	0.31	0.04	0.12	0.03
总计	61.04	58.02	0.12	0.46	0.05	0.13	0.04

行业 年龄	第三产业									
	交通运输、仓储、邮电通信业	批发零售、贸易、餐饮业	金融保险业	房地产业	社会服务业	卫生、体育和社会福利业	教育、文化艺术及广播电影电视业	科学研究和综合技术服务业	国家机关、党政机关和社会团体	其他行业
55—59岁女	0.01	0.30	0.01	0.00	0.06	0.11	0.12	0.02	0.12	0.01
60—64岁男	0.09	0.45	0.02	0.01	0.14	0.21	0.26	0.05	0.25	0.02
总计	0.11	0.74	0.03	0.01	0.20	0.31	0.38	0.07	0.38	0.03

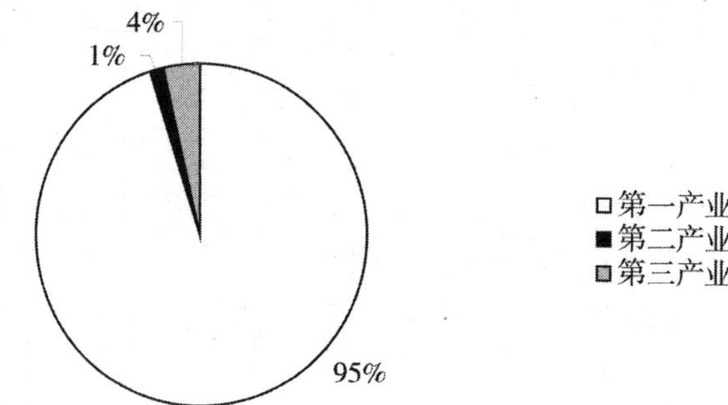

图 5—5 “五普”甘肃省退休人力资源中就业人员产业结构

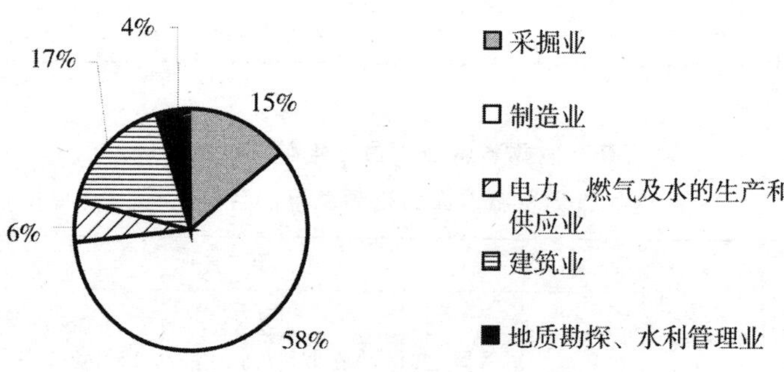

图 5—6 “五普”甘肃省退休人力资源中就业人员第二产业结构

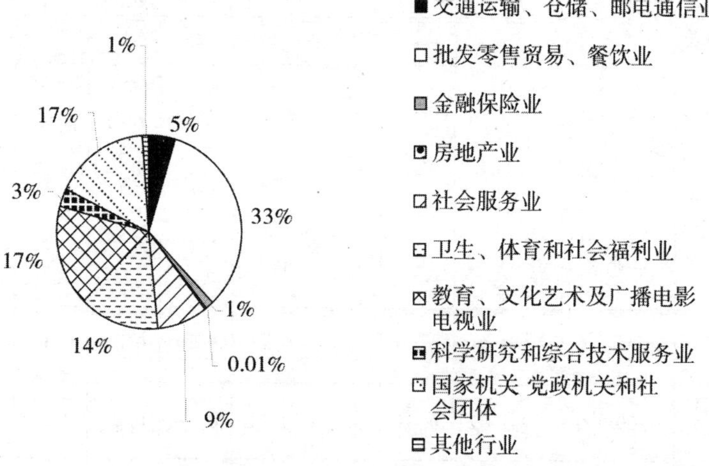

图 5—7 “五普”甘肃省退休人力资源中就业人员第三产业结构

从上述分析可以得出，甘肃省退休人力资源中，第一产业人员占绝大多数，这说明有很多已达到退休年龄的老年人仍在农林牧副渔业中从事劳动，这反映了我国从事农业基础劳作的人群正逐步老龄化。甘肃省退休人力资源中从事第二、第三产业的较少，其中从事批发零售业和制造业的退休人力资源相对较多，这也符合甘肃省人力资源总体产业分布，而金融保险业、房地产业等其他行业的退休人员相对较少。

二　“六普”退休人力资源结构

由于人口结构老龄化及社会、经济压力较大的问题，部分60岁以上人口仍在工作，故将男性60—64周岁、女性55—59周岁也做了相应统计，分析退休人力资源结构状况。

（一）“六普”甘肃省退休人力资源数量、性别、年龄情况

由表5—10、图5—8可以看出，根据“六普”资料，在全省退休人力资源中，女性比例为55.09%，男性比例为44.91%，这说明甘肃省退休人力资源中女性比例较大。

表5—10　“六普”甘肃省退休人力资源数量、性别、年龄结构

年龄	男（人）	女（人）	比例（%）
55—59岁	0	664516	55.09
60—64岁	541662	0	44.91
总计	541662	664516	100

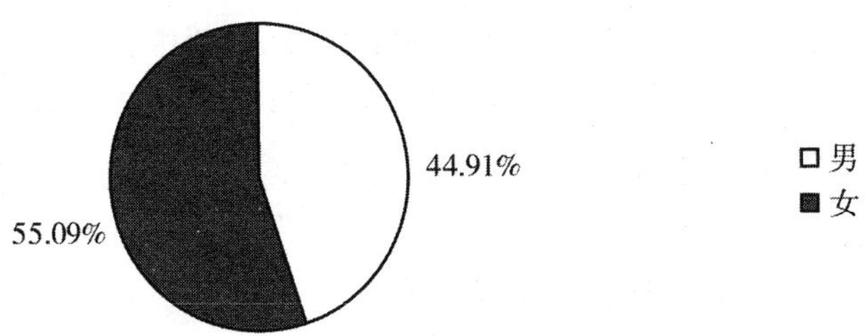

图 5—8 “六普”甘肃省退休人力资源性别结构

（二）“六普”甘肃省退休人力资源学历结构

由表 5—11、表 5—12、图 5—9 可以得出，甘肃省退休人力资源受教育情况中，小学学历人员最多，所占比例为 49. 23%；其次是未上过学人员，占 26. 54%；初中学历人员占 16. 15%；高中学历人员占 5. 66%；大学专科学历人员占 1. 83%；大学本科学历人员占 0. 58%；研究生学历人员所占比例最小，为 0. 02%。

表 5—11 “六普”甘肃省退休人力资源学历结构 （单位：人）

年龄	总计	未上过学	小学	初中	高中	大学专科	大学本科	研究生
55—59 岁女	664516	216922	316395	87966	31569	8957	2618	89
60—64 岁男	541662	103200	277375	106787	36712	13070	4395	123
总计	1206178	320122	593770	194753	68281	22027	7013	212

表 5—12 “六普”甘肃省退休人力资源学历结构百分比 （单位：%）

年龄	总计	未上过学	小学	初中	高中	大学专科	大学本科	研究生
55—59 岁女	55. 09	17. 98	26. 23	7. 29	2. 62	0. 74	0. 22	0. 01
60—64 岁男	44. 91	8. 56	23. 00	8. 85	3. 04	1. 08	0. 36	0. 01
总计	100	26. 54	49. 23	16. 15	5. 66	1. 83	0. 58	0. 02

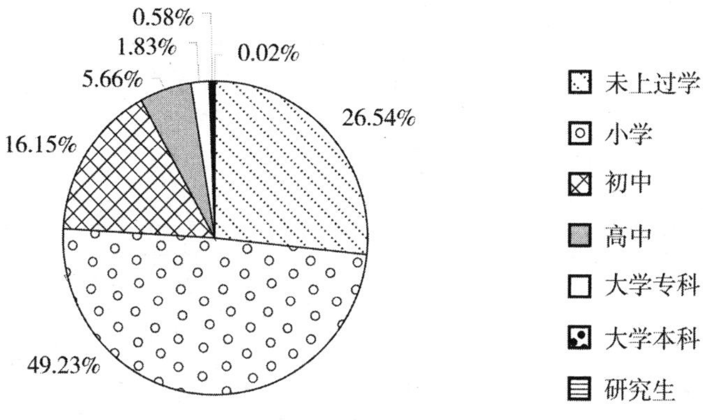

图 5—9　“六普”甘肃省退休人力资源学历结构

上述资料表明，甘肃省退休人力资源中小学学历人员和未上过学人员所占比重较大，这反映出退休人力资源的受教育水平普遍偏低。退休人力资源中高中以上学历人员所占比例很少，表明甘肃省退休人力资源中受到高等教育的人员很少，可能对退休人员生活质量产生影响。

（三）“六普”甘肃省退休人力资源地区结构

由于“六普”资料的地区年龄划分为 15—64 岁，我们采取比例返还换算，即分别求出全省 55—59 岁女性、60—64 岁男性人口占全省总人口的比例，再乘以各地区人口数得出退休人力资源总数，结果如表 5—13、表 5—14、图 5—10 所示。

表 5—13　**“六普”甘肃省退休人力资源分地区年龄结构**　（单位：人）

地区	退休人力资源总量	55—59 岁女	60—64 岁男
兰州市	170545	93958	76587
嘉峪关市	10934	6024	4910
金昌市	21885	12057	9828
白银市	80588	44398	36190
天水市	153868	84770	69098

续表

地区	退休人力资源总量	55—59岁女	60—64岁男
酒泉市	51687	28476	23211
张掖市	56572	31167	25405
武威市	85601	47160	38441
定西市	127273	70118	57155
陇南市	121098	66716	54382
平凉市	97532	53733	43799
庆阳市	104284	57453	46831
临夏回族自治州	91809	50580	41229
甘南藏族自治州	32501	17906	14595
合计	1206177	664516	541661

表5—14　　**"六普"甘肃省退休人力资源占退休人力资源总量的百分比**　　（单位：%）

地区	退休人力资源总量	55—59岁女	60—64岁男
兰州市	14.14	7.79	6.35
嘉峪关市	0.91	0.50	0.41
金昌市	1.82	1.00	0.82
白银市	6.68	3.68	3.00
天水市	12.76	7.03	5.73
酒泉市	4.29	2.36	1.92
张掖市	4.69	2.58	2.11
武威市	7.10	3.91	3.19
定西市	10.55	5.81	4.74
陇南市	10.04	5.53	4.51
平凉市	8.09	4.45	3.63
庆阳市	8.65	4.76	3.88

续表

地区	退休人力资源总量	55—59 岁女	60—64 岁男
临夏回族自治州	7.61	4.19	3.42
甘南藏族自治州	2.69	1.48	1.21
合计	100	55.09	44.91

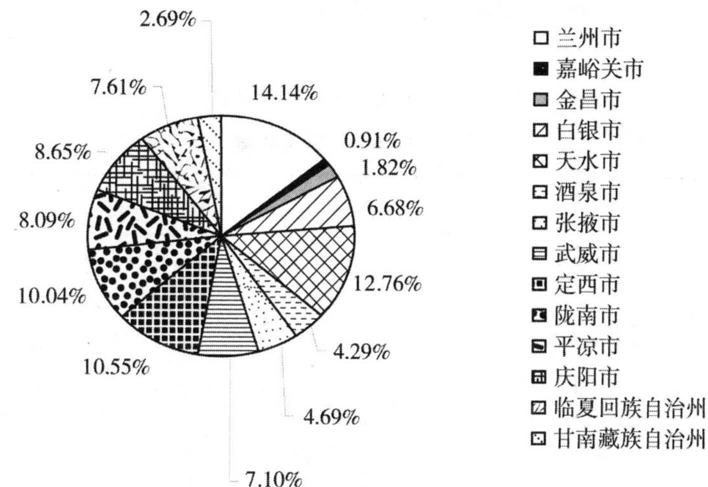

图 5—10 “六普”甘肃省退休人力资源地区结构

由表 5—13、表 5—14、图 5—10 可知，兰州市退休人力资源数最多，约占 14.14%；其次是天水市占 12.76%；定西、陇南均占 10%左右；金昌市、嘉峪关市最少，所占比例分别为 1.82%和 0.91%。

从资料中可以看出，甘肃省退休人力资源分布在兰州市和天水市的最多，这和甘肃省人力资源总体地区分布呈正相关关系，人力资源较多的地区，退休人力资源也较多。在每个地区的退休人力资源分布中，55—59 岁女性比例均大于 60—64 岁男性比例。

（四）“六普”甘肃省退休人力资源中分年龄行业的就业人员统计

从表 5—15、表 5—16、图 5—11、图 5—12、图 5—13 可以看出，“六普”甘肃省退休人力资源的就业人员中，第一产业所占比例最大，占退休人力资源总数的57.41%，占退休人力资源中就业人员的94%。第二产业人员占退休人力资源就业人员总数的2%。第三产业人员占退休人力资源就业人员总数的4%。第二产业中制造业和建筑业就业人口最多，分别占50%和35%；采矿业占8%，电力、燃气及水的生产和供应业占7%。第三产业中，批发和零售及住宿和餐饮业所占比例最大，总共占42%；信息传输、计算机服务和软件业所占比例最小，为0.03%。

表5—15　**“六普”甘肃省就业人员分年龄、行业的退休人力资源数量**　（单位：人）

行业 / 年龄	总计	第一产业	第二产业				第三产业			
		农林牧渔业	采矿业	制造业	电力、燃气及水的生产和供应业	建筑业	交通运输、仓储、邮电通信业	信息传输、计算机服务和软件业	批发和零售业	住宿和餐饮业
55—59岁女	41974	39796	41	285	30	127	106	26	599	167
60—64岁男	31922	29448	73	403	59	350	150	15	504	91
总计	73896	69244	114	688	89	477	256	41	1103	258

行业 / 年龄	第三产业										
	金融业	房地产业	租赁和商务服务业	科学研究、技术服务和地质勘探业	水利、环境和公共设施管理业	居民服务和其他服务业	教育	卫生、社会保障和社会福利业	文化、体育和娱乐业	公共管理和社会组织	国际组织
55—59岁女	25	33	24	22	38	163	169	130	26	167	0
60—64岁男	28	37	43	22	36	106	154	123	21	259	0
总计	53	70	67	44	74	269	323	253	47	426	0

表 5—16　　“六普”甘肃省就业人员分年龄、行业的退休人力资源占人力资源总量的百分比　　（单位：%）

年龄＼行业	总计	第一产业	第二产业				第三产业			
		农林牧渔业	采矿业	制造业	电力、燃气及水的生产和供应业	建筑业	交通运输、仓储、邮电通信业	信息传输、计算机服务和软件业	批发和零售业	住宿和餐饮业
55—59 岁女	34.80	32.99	0.03	0.24	0.02	0.11	0.09	0.02	0.50	0.14
60—64 岁男	26.47	24.41	0.06	0.33	0.05	0.29	0.12	0.01	0.42	0.08
总计	61.26	57.41	0.09	0.57	0.07	0.40	0.21	0.03	0.91	0.21

年龄＼行业	第三产业										
	金融业	房地产业	租赁和商务服务业	科学研究、技术服务和地质勘探业	水利、环境和公共设施管理业	居民服务和其他服务业	教育	卫生、社会保障和社会福利业	文化、体育和娱乐业	公共管理和社会组织	国际组织
55—59 岁女	0.02	0.03	0.02	0.02	0.03	0.14	0.14	0.11	0.02	0.14	0.00
60—64 岁男	0.02	0.03	0.04	0.02	0.03	0.09	0.13	0.10	0.02	0.21	0.00
总计	0.04	0.06	0.06	0.04	0.06	0.22	0.27	0.21	0.04	0.35	0.00

上述数据显示，甘肃省退休人力资源“五普”特征延续到了“六普”，从事第一产业的人员占绝大多数，说明“六普”产业结构未发生根本性改变，从事农业基础劳作的人群正逐步老龄化，从事第二、第三产业的较少，其中从事批发零售业和制造业的退休人力资源相对较多，而金融保险业、房地产业及信息传输、计算机服务和软件业等其他行业就业退休人员相对较少。

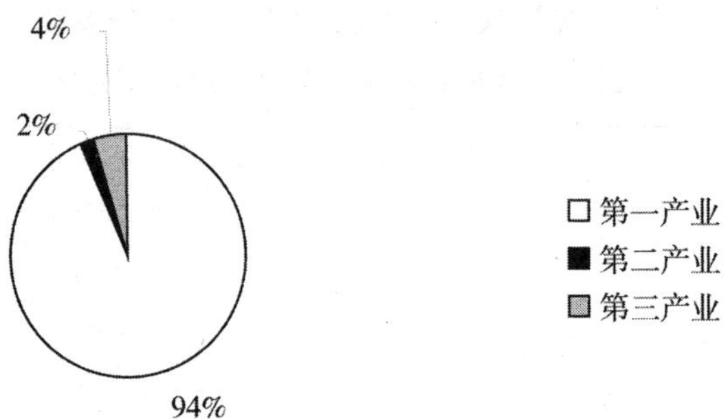

图 5—11 “六普”甘肃省退休人力资源中就业人员产业结构

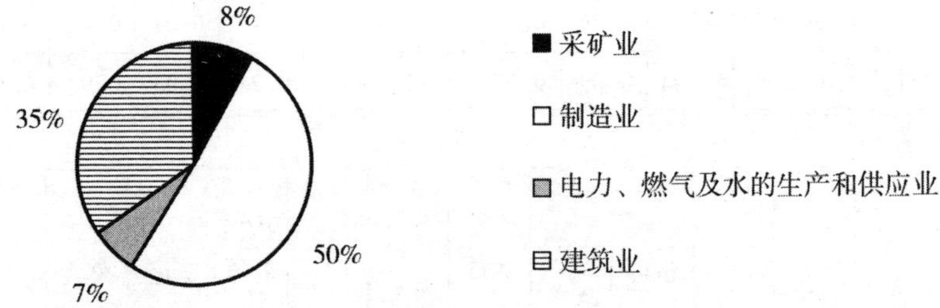

图 5—12 “六普”甘肃省退休人力资源中就业人员第二产业结构

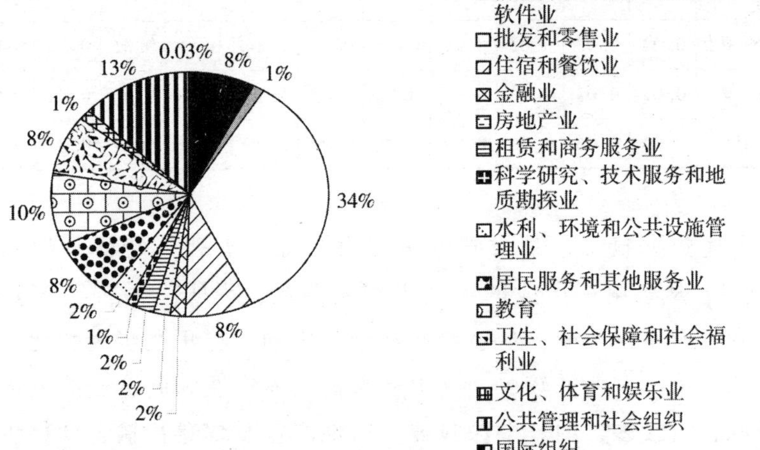

图 5—13 “六普”甘肃省退休人力资源中就业人员第三产业结构

三　“五普”、“六普”退休人力资源结构对比

（一）甘肃省退休人力资源性别结构

图5—14显示，“六普”中的女性在退休人力资源中所占的比例相比“五普”有所增加，而男性在退休人力资源中所占比例有所减少，男女退休人力资源人数差距逐渐增大。

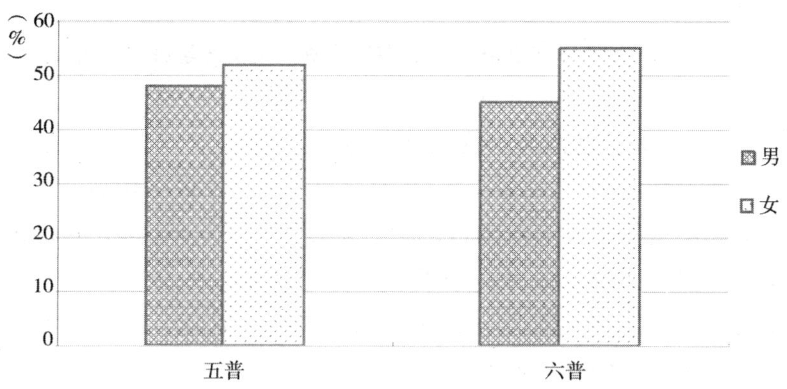

图5—14　甘肃省“五普”、“六普”退休人力资源性别结构比较

（二）甘肃省退休人力资源学历结构

图5—15显示，“六普”中退休人力资源的学历结构相比“五普”中退休人力资源的学历结构有了很大变化，其中未上过学的人员所占比例明显减小，由“五普”的40.43%减少到“六普”的26.54%，而小学学历人员、初中学历人员、高中学历人员及大学专科学历人员所占比例均明显增大，这表明甘肃省实行的普及义务教育的政策效果显著，使得甘肃省人力资源受教育程度显著提高，从而退休人力资源的受教育程度也随之显著提高。

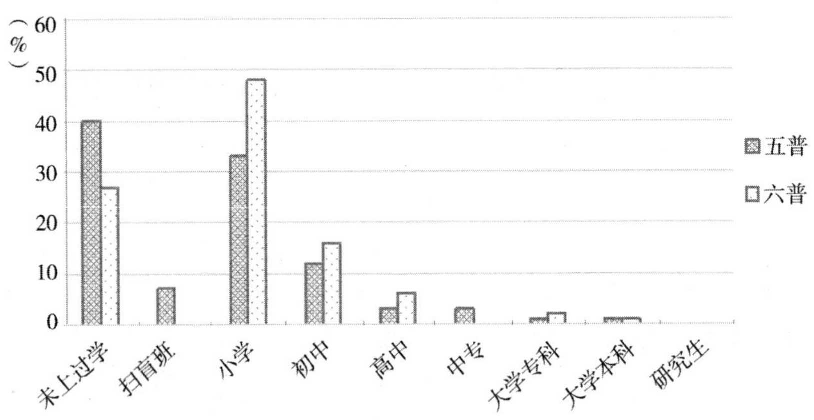

图 5—15 甘肃省“五普”、“六普”退休人力资源学历结构比较

（三）甘肃省退休人力资源地区结构

图 5—16 显示，“六普”中退休人力资源的地区结构较“五普”有一定变化，其中甘南藏族自治州和临夏回族自治州的退休人力资源所占比例有所增大，表明这两个地区的经济有所发展，且随着少数民族自治州生活条件的不断改善，人口死亡率减小。兰州市退休人力资源所占比例也有所增加。

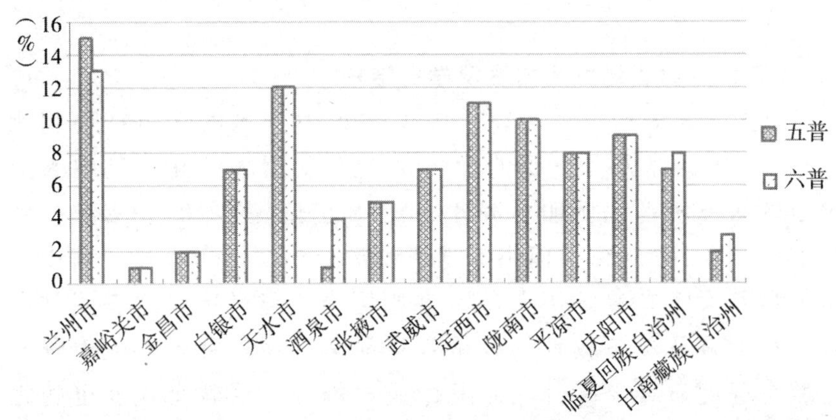

图 5—16 甘肃省“五普”、“六普”退休人力资源地区结构比较

(四) 甘肃省退休人力资源中就业人员的产业结构

由于无法剥离体育行业的退休人员，考虑到体育行业的人口总数本身很小，比较退休人员时不考虑体育行业，其他按照甘肃省人力资源就业人员的产业结构数据调整，将“五普”、“六普”退休人力资源中就业人员的产业结构数据更新如下：

表5—17　调整后“五普”甘肃省就业人员分年龄、行业的退休人力资源数量　（单位：人）

行业 / 年龄	总计	第一产业	第二产业			
		农林牧渔业	采矿业	制造业	电力、燃气及水的生产和供应业	建筑业
55—59岁女	298210	289130	310	1420	80	130
60—64岁男	274650	255390	470	2910	350	1130
总计	572860	544520	780	4330	430	1260

行业 / 年龄	第三产业									
	交通运输、仓储、邮电通信业	批发零售贸易、餐饮业	金融业	房地产业	社会服务业	卫生、社会保障和社会福利业	教育、文化艺术及娱乐业	科学研究、技术服务、地质勘探和水利管理业	公共管理和社会组织	其他行业
55—59岁女	140	2770	90	20	580	990	1130	210	1150	60
60—64岁男	870	4210	210	80	1300	1930	2450	780	2370	200
总计	1010	6980	300	100	1880	2920	3580	990	3520	260

表 5—18　调整后“六普”甘肃省就业人员分年龄、行业的退休人力资源数量　（单位：人）

行业 年龄	总计	第一产业	第二产业				第三产业	
		农林牧渔业	采矿业	制造业	电力、燃气及水的生产和供应业	建筑业	交通运输、仓储、邮电通信业	批发零售贸易、餐饮业
55—59 岁女	41974	39796	41	285	30	127	106	766
60—64 岁男	31922	29448	73	403	59	350	150	595
总计	73896	69244	114	688	89	477	256	1361

行业 年龄	第三产业							
	金融业	房地产业	租赁和商务社会服务业	科学研究、技术服务、地质勘探和水利管理业	卫生、社会保障和社会福利业	教育、文化艺术和娱乐业	公共管理和社会组织	其他组织
55—59 岁女	25	33	187	60	130	195	167	26
60—64 岁男	28	37	149	58	123	175	259	15
总计	53	70	336	118	253	370	426	41

表 5—19　调整后“五普”、“六普”中退休人力资源的产业结构对比　（单位：%）

产业	第一产业	第二产业	第三产业
“五普”比例	95.05	1.19	3.76
“六普”比例	93.70	1.85	4.44

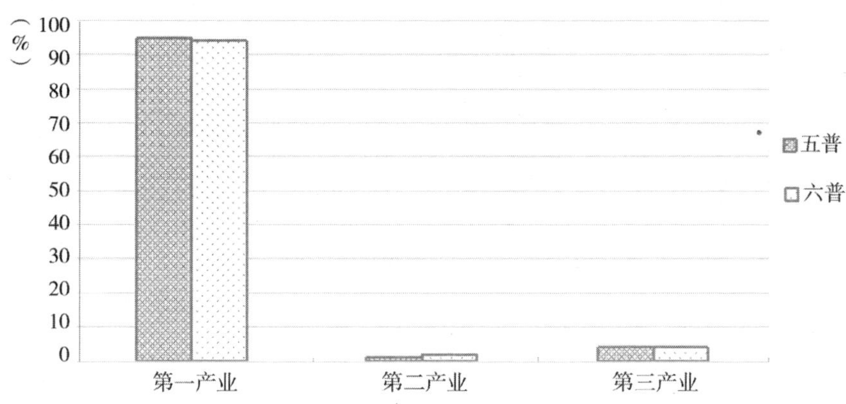

图 5—17　甘肃省“五普”、“六普”退休人力资源产业结构比较

表 5—17、表 5—18 和图 5—17 显示，第六次人口普查中退休人力资源中的就业人员从事第一产业的比例减小，从事第二产业的比例增大，这表明退休人力资源中的就业人员的一部分由第一产业向第二产业转移，即由农林牧渔业向制造业、建筑业等行业转移，反映了甘肃省第二产业的发展较快，工业化程度逐步提高。

（五）甘肃省退休人力资源中就业人员的第二产业结构

表 5—19 和图 5—18 显示，甘肃省退休人力资源中就业人员的第二产业结构在第六次人口普查中相较第五次人口普查有很大变化，其中退休人力资源中的就业人员从事制造业的比重明显减小；而且由于国家对于采矿行业的限制政策使得从事采掘业的人员比重也明显减小，而从事建筑业的人员比重明显增大，这是由于近几年房地产业的快速发展，使得建筑行业快速发展，并且吸纳了众多就业人员，从而使得很多从事传统制造业及采掘业的人员向建筑业流动。

表 5—19　　**调整后“五普”、“六普”甘肃省退休人力资源的第二产业结构对比**　　（单位：%）

行业	采矿业	制造业	电力、燃气及水的生产和供应业	建筑业
“五普”比例	11.47	63.68	6.32	18.53
“六普”比例	8.33	50.29	6.51	34.87

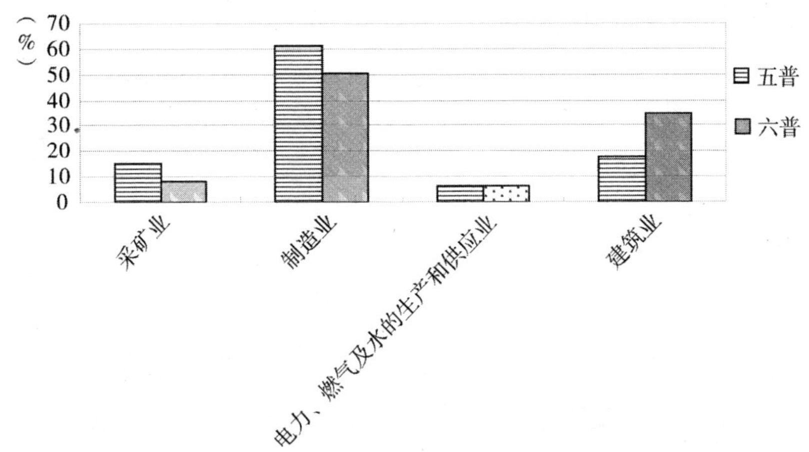

图 5—18 甘肃省“五普”、“六普”退休人力资源第二产业结构比较

(六) 甘肃省退休人力资源中就业人员的第三产业结构

表 5—20 调整后“五普”、“六普”甘肃省退休人力资源的第三产业结构对比 (单位：%)

行业	交通运输、仓储、邮电通信业	批发零售贸易、餐饮业	金融业	房地产业	社会服务业	卫生、社会保障和社会福利业	教育、体育、艺术和娱乐业	科学研究、技术服务、地质勘探和水利管理业	公共管理和社会组织	其他行业
“五普”比例	4.69	32.40	1.39	0.46	8.73	13.56	16.62	4.60	16.34	1.21
“六普”比例	7.80	41.44	1.61	2.13	10.23	7.70	11.27	3.59	12.97	1.25

图 5—19 显示，第六次人口普查甘肃省退休人力资源中就业人员第三产业结构中批发零售贸易、餐饮业的总和所占比例为 41.44%，比第五次人口普查中的比例 32.40%有所增加；交通运

输、仓储、邮电通信业所占比例也有所增加，由第五次人口普查的4.69%增加到第六次人口普查的7.80%，随着近几年房地产业的快速发展，甘肃省退休人力资源中就业人员的第三产业结构中房地产业的比重有所增加，由第五次人口普查的0.46%增加到第六次人口普查的2.13%。

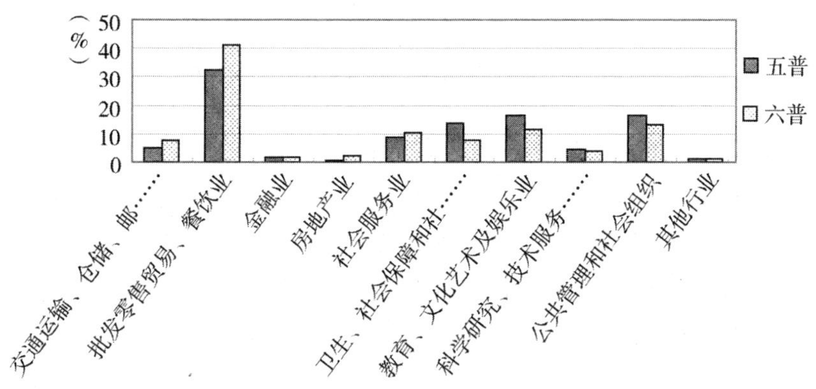

图5—19　甘肃省“五普”、“六普”退休人力资源第三产业结构比较

四　退休人力资源开发建议

现代科学技术的进步使退休人力资源就业成为可能。一方面物质生活水平的提高使老年人的健康状况得到极大改进，能够从事部分工作；另一方面经济结构的变化、产业升级导致不适合老年人的繁重的体力劳动岗位越来越少，而需要劳动者长年经验与技能积累的岗位却在不断增加。

面临青年劳动力短缺、老龄化加剧的局面，老年人就业是一个不可避免的替代选择。欧盟和日本等国家在老年人就业上采取了多种多样的措施，实行了如物质激励、禁止就业歧视、建立灵活劳动合同制度、改变工作环境、完善劳动保障、创造社会氛围、开展就业培训、发挥职业介绍中介作用等一系列鼓励老年人就业的政策。借鉴国外经验，从政府层面考虑甘肃省开发老年人力资源建议如下。

（一）开发适合“年轻的老年人”的工作岗位

为身体条件相对较好、心理素质相对年轻、专业知识积累丰富的退休人员开发社区服务、养老服务、养老心理建设、老年大学、老年投资、老年保健、老年健身等方面的工作岗位，让“年轻的老年人”有机会、有岗位地发挥余热，在其身心愉快的情况下延长其工作时间，延缓生理衰老时间与衰老程度。

（二）制定系列退休人员返聘政策

制定系列返聘政策，包括薪酬标准、工作时间、激励、权益保护等制度。在规范返聘行为、保护返聘人员合法权益的基础上，充分发挥退休人员尤其是退休专业技术人员的智慧与技能，促进退休人员随社会与经济发展进一步成长与发展。

（三）建设退休人力资源智库网络平台

平台发挥以下职能：发布项目攻关或技术开发攻关信息，招募退休人力资源加入技术攻关小组，利用知识积累参与项目开发；为退休人员提供工作岗位信息；发布老年生活相关服务等信息；发布退休人员小时工资标准或项目工资标准等。

（四）完善现行劳动法律、法规

进一步完善现行劳动法律法规中关于退休年龄、用工形式、劳动时间、劳动报酬标准、劳动合同、权益保护等方面的内容，规范退休行为与返聘行为，实现退休人员合法权益与企业利益、社会利益共赢。

第六章

甘肃省科技创新人力资源数量及成果

进入21世纪以来，随着经济全球化的进一步推进，科技创新活动的竞争已成为各个国家参与世界经济竞争的重要手段，科技创新活动水平也成为各国竞争实力与可持续发展能力的体现，因此科技创新工作越来越成为各国政府关注的焦点。提高科技创新能力、增加科技创新成果成为各国科技发展工作的首要任务。提高科技创新能力的关键是建设科技人力资源——科技创新人才队伍，提高科技创新人才工作效率。

我国整体科技创新水平在世界上相对落后，甘肃省整体科技创新发展水平在西北五省虽处于第二位，但与陕西省整体水平差距较大，在全国处于落后水平。甘肃省科技创新水平落后的原因是多方面的，既有历史、深层次体制等原因，也有政策制定和实施等方面的原因，种种原因最终都会反映到科技创新人才的数量和质量以及工作积极性上。所以，本章从甘肃省科技创新人才数量及工作成果出发，揭示甘肃省科技创新人才培养机制和管理政策存在的问题，并提出相应政策建议。

一　科技创新人才界定

（一）科技创新概念界定

1. 科技活动界定

联合国教科文组织（UNESCO）根据成员国特别是发展中国家

开展科技统计工作的需要，对科技活动做出的统计界定是：在自然科学、农业科学、医药科学、工程与技术科学、人文与社会科学领域（以下简称科学技术领域）中，与科技知识的产生、发展、传播和应用密切相关的有组织的活动。可分为研究与试验发展（R&D）、研究与试验发展成果应用及相关的科技服务（STS）三类活动。[①]

科技管理工作中，研究与试验发展是指：在科学技术领域，为增加知识总量，以及运用这些知识去创造新的应用而进行的系统的创造性活动，包括基础研究、应用研究、试验发展三类活动。基础研究是指为了获得关于现象和可观察事实的基本原理的新知识（揭示客观事物的本质、运动规律，获得新发现、新学说）而进行的实验性或理论性研究，它不以任何专门或特定的应用或使用为目的。其成果以科学论文和科学著作为主要形式。应用研究是指为获得新知识而进行的创造性研究，主要针对某一特定的目的或目标。其成果形式以科学论文、专著、原理性模型或发明专利为主。试验发展是指利用从基础研究、应用研究和实际经验所获得的现有知识，为产生新的产品、材料和装置，建立新的工艺、系统和服务，以及对已产生和建立的上述各项做实质性的改进而进行的系统性工作。其成果主要形式是专利、专有技术、具有新产品特征的产品原型或具有新装置基本特征的原始样机等。

2. 科技创新概念演进过程

理论上科技创新的概念经历了创新—技术创新—科技创新等发展过程。美国经济学家熊彼特在其1912年的《经济发展概论》中最早提出了创新的概念：创新是指把一种新的生产要素和生产条件的“新结合”引入生产体系。它包括五种情况：一是引入一种新产品；二是引入一种新的生产方法；三是开辟一个新的市场；四是获得原材料或半成品的一种新的供应来源；五是实现新的组织形式。[②]这一解释包含了技术创新和非技术性的组织创新。

---

① 联合国教科文组织科技统计处：《科学技术统计指南》，宋化民等译，中国地质大学出版社1990年版。

② 彭纪生、刘伯军：《技术创新理论探源及本质界定》，《科技进步与对策》2002年第12期，第101—103页。

对于技术创新的研究，学者们从不同的角度下了定义。美国学者曼斯费尔德（E. Mansfield）对技术创新的定义主要侧重于产品创新，他认为产品创新是从企业对新产品的构思开始，以新产品销售和交货为终结的探索性活动，是一项发明的首次商业化应用，是发明的后续阶段。[①] 弗里曼（C. Freman）认为，技术创新包括新产品、新过程、新系统和新装备等形式在内的技术向商业化实现的首次转化。[②] 英国学者 V. 莫尔在《创新的企业文化管理》中指出技术创新是技术制品的创始、演进和开发过程。[③] 澳大利亚学者唐纳德·瓦茨认为，技术创新是企业对发明或研究成果进行开发并最后通过销售创造利润的过程。[④] 我国学者傅家骥从企业经营的角度对技术创新的定义是[⑤]：企业家抓住市场的潜在盈利机会，以获取商业利益为目标，重新组织生产条件和要素，建立起效能更强、效率更高和费用更低[⑥]的生产经营方法，从而推出新的产品、新的生产（工艺）方法，开辟新的市场，获得新的原材料或半成品供给来源或建立企业新的组织，它包括科技、组织、商业和金融等一系列活动的综合过程。

20 世纪 50 年代以后，由于以微电子技术为核心的新一轮科技革命的兴起，西方经济学理论派开始重新对熊彼特创新理论进行研究，使创新理论得以不断发展。目前西方技术创新理论的研究和发展已形成了四大主要理论学派：一是以索洛（S. C. Solow）等人为代表的新古典学派；二是围绕熊彼特创新理论的新熊彼特学派；三是以兰斯·戴维斯和道格拉斯·诺斯等人为代表的制度创新学派；四是以克里斯托夫·弗里曼、理查德·纳尔逊等人为代表的国家创

① Mansfielde, *Industrial Research and Technological Invovation*, New York: WW. Norton, 1968.

② C. Freman, *The Economics of Industrial Inovation* (2th ed.), Boston: The MIT Press, 1982.

③ 董景荣：《技术创新过程管理——理论、方法及实践》，重庆出版社 2000 年版。

④ 罗志如：《当代西方经济学说（下）》，北京大学出版社 1989 年版。

⑤ 傅家骥：《技术创新学》，清华大学出版社 2000 年版，第 1—8 页。

⑥ 余志良、谢洪明：《技术创新政策理论的研究评述》，《科学管理研究》2013 年第 6 期，第 32—37 页。

新系统学派。

科技创新是指科学和技术创新的总和，20 世纪 70 年代末期以后开始频繁运用，但缺少明确界定。1978 年，国家统计局、国家计委、国家科委、民政部联合组织了“全国科学技术人员情况普查”，应该说是对科技统计的开始。进入 21 世纪后，我国科技创新方面的研究成果日益增加，宋刚、唐蔷、陈锐、纪阳等学者在其《复杂性科学视野下的科技创新》一文中对科技创新进行了明确界定：科技创新是在各创新主体、创新要素交互复杂作用下涌现出来的，是技术进步与应用创新的“双螺旋结构”共同演进催生的产物。①

3. 科技创新概念界定

通过科技创新概念内涵与外延的演进过程分析，笔者对科技创新做出如下界定：科技创新是所有与科技知识的产生、发展、传播和应用密切相关的科技活动创新的总称，可以分为研究与试验发展（R&D）创新、研究与试验发展成果及应用创新、科技服务（STS）创新三类。研究与试验发展创新又可分为基础研究创新、应用研究创新、试验发展创新三类。基础研究创新是提出新观点（包括新概念、新思想、新理论等）、新发现和新假设的科学研究活动创新，应用创新和试验发展创新主要指将原创性的研究成果运用于价值创造的过程。

（二）科技创新人才界定

1. 科技创新人才界定

科技创新人才是指直接参与、从事科技创新活动的所有人员，可分为研究与试验发展创新人员、研究与试验发展成果及应用创新人员和科技服务人员三类。在现行统计实践工作中还没有科技创新人才这一统计指标，笔者认为科技活动人员指标可以反映科技创新人才的数量。关于科技人员的界定和统计工作，理论上和实践活动中有多种提法：科技人力资源、科技人才、科技活动人员、R&D 人

① 宋刚、唐蔷、陈锐、纪阳：《复杂性科学视野下的科技创新》，《科学对社会的影响》2008 年第 2 期，第 28—33 页。

员等。这些概念的界定与辨析在中国科协调研宣传部和中国科协发展研究中心 2013 年发布的《中国科技人力资源发展研究报告》中有明确的说明。

2. 相关科技人才概念辨析

1995 年经济合作与发展组织（OECD）和欧盟统计局（Eurostant）合作研究出版的《弗拉斯卡蒂丛书——科技人力资源手册》（以下简称《科技人力资源手册》）对科技人力资源的概念做出了定义：科技人力资源是指满足下列条件之一的人：一是接受过自然科学相关专业的高等教育，即具备“资格”；二是虽然没有接受过相关专业高等教育，即不具备“资格”，但在科技相关岗位从事工作。[①] 根据《中国科技人力资源发展研究报告》对科技人力资源的定义：一个国家科技人力资源的总量是按照“资格”和“职业”两者统计的综合值，任何一个人只要满足“资格”和“职业”中的一个条件即属于科技人力资源统计的一部分，与 OECD 的定义相同。[②] 科技人才概念是中国特色的概念，具有政策含义，因为人才概念本身就是政策概念，没有明确的鉴定标准和统计范围。人才概念的广泛运用源于 2003 年全国人才工作会议对人才的界定：具有一定的知识或技能，能够进行创造性劳动，为物质文明、政治文明、精神文明建设做出积极贡献的人。实际工作中，国家人事部自 1982 年起把具有中专以上学历或初级以上专业技术职称者，作为人才的统计口径。目前人事部将人才分为党政人才、专业技术人才、企业经营管理人才、技能人才和农村实用人才五类。科技工作者是我国特有的概念，在新中国成立后的中央文件中被广泛使用，意指所有从事科技工作的人员。在我国现行科技统计中没有这一指标，也与国际科技统计指标体系不符。科技活动人员的定义源自联合国教科文组织（UNESCO）的《科技活动统计手册》，意指科技人力资源中直接从事或参与科技活动以及专门从事科技活动管理和为科技活动提供直

① 经济合作与发展组织和欧盟统计局：《弗拉斯卡蒂丛书——科技人力资源手册》，新华出版社 1995 年版，第 16 页。

② 中国科协调研宣传部、中国科协发展研究中心：《中国科技人力资源发展研究报告》，中国科学技术出版社 2013 年版，第 3 页。

接服务的人员①。在我国科技统计实践工作中，指直接从事或参与科技活动，以及专门从事科技活动管理和为科技活动提供直接服务，累计从事科技活动的实际工作时间占全年制度工作时间10%及以上的人员。科学家和工程师在科技统计实践中指科技活动人员中具有高、中级技术职称（职务）的人员和不具有高、中级技术（职称）职务的大学本科及以上学历人员，是高级科技活动人才，它反映投入科技活动人力的素质。R&D（研发）人员是科技活动人员的核心部分。我国R&D人员定义源自经济合作与发展组织（OECD）发布的《研究与发展调查手册》，指直接从事R&D活动的人员以及为R&D活动提供直接服务的管理人员、行政人员和办事人员。②

我国人力资源管理工作中还有一个名词被频繁运用，即专业技术人员，指从事专业技术工作和专业技术管理工作的人员，即企事业单位中已经聘任专业技术职务从事专业技术工作和专业技术管理工作的人员，以及未聘任专业技术职务，现在专业技术岗位上工作的人员。包括工程技术人员，农业技术人员，科学研究人员，卫生技术人员，教育人员，经济人员，会计人员，统计人员，翻译人员，图书资料、档案、文博人员，新闻出版人员，律师、公证人员，广播电视人员，工艺美术人员，体育人员，艺术人员及企业政治思想工作人员，共18个专业技术职务类别。该定义是按照国际劳工组织《1988年国际标准职业分类》（ISCO—1988）对白领劳动者进行的分类，但缺少了社会服务、行政管理和宗教专业人员等内容。其中，律师、公证人员，工艺美术人员，艺术人员，企业政治思想工作人员，行政管理和宗教等专业人员不属于科技活动人员；工程技术人员、科学研究人员是科技活动人员中最重要的组成部分。在我国现实人力资源管理工作中，多用专业技术人员数据反映各类职业人才数量。专业技术人员与科技活动人员在一定程度上有重合，科技活动人员强调科技工作领域人员数量。

3. 科技创新人才统计对象

上述概念辨析帮助我们确定了科技创新人才的数量范围——科

① 联合国教科文组织：《科技活动统计手册》，新华出版社1984年版。

② 经济合作与发展组织：《研究与发展调查手册》，新华出版社2000年版。

技活动人员。本书认为科技创新人才的统计范围应该是科技活动人员，也就是可以用现行科技统计指标中的科技活动人员数量作为科技创新人才拥有数量，原因如下。

（1）科技活动人员数量统计范围符合科技创新人才要求。在实践工作中，计入科技活动人员统计范围的对象为：①直接从事或参与科技活动的人员：在独立核算的科学研究与技术开发机构、高等学校、各类企业及其他事业单位内设的研究室、实验室、技术开发中心及中试车间（基地）等机构中从事科技活动的研究人员、工程技术人员、技术工人及其他人员；虽不在上述机构工作，但编入科技活动项目（课题）组的人员；科技信息与文学机构中的专业技术人员；从事论文设计的研究生等。②专门从事科技活动管理和为科技活动提供直接服务的人员：独立核算的科学研究与技术开发机构、科技信息与文献机构、高等学校、各类企业及其他事业单位主管科技工作的负责人，专门从事科技活动的计划、行政、人事、财务、物资供应、设备维护、图书资料管理等工作的各类人员，但不包括保卫、医疗保健人员、司机、食堂人员、茶炉工、水暖工、清洁工等为科技活动提供间接服务的人员。这些统计范围概括了不同行业、不同类型组织中直接参与、从事科技活动的人员。

（2）科技活动人员工作的特征和要求是创新。科技创新活动的主体是直接从事或参与科技活动的人员，正是这些科技活动人员在日常工作中的种种创新思维及创造活动，才开发了众多的创新成果，他们的工作充满了创新的特征，而创新也是他们工作的基本要求。

（3）直接将这些科技人员作为科技创新人才是我国新人才观念的最好体现。2003 年 12 月的中央人才会议确定的人才观念的出发点是针对我国拥有人力资源优势却缺少人才优势的现状，提出淡化精英人才观念，树立人人是人才的新人才观念，注重开发人力资源潜能，把人力资源优势转化为人才优势。将科技活动人员界定为科技创新人才可提升科技活动人员创新的责任意识，促使他们主动挖掘创新才能，开发创新成果。

（4）科技创新人才应该是科技人力资源的组成部分。科技人力资源概念包括现在和潜在的从事科技活动的人员，统计范围上包含了部分没有直接从事或参与科技活动的人员。不直接从事或参与科技活动，科技创新就无从谈起，因而不能将全部的科技人力资源作为科技创新人才。

4. 甘肃省科技创新人才数量

科技创新人才数量主要以研究与试验发展（R&D）人员为统计对象。从近四年的统计数据看出一直呈现增长趋势，截至2013年底，甘肃省R&D人员总数为3.70万人，也可以说甘肃省拥有科技创新人才约3.70万人。从学历上看，2013年甘肃省R&D人员中博士和硕士毕业生约0.94万人，在R&D人员中占比约25.4%。

表6—1　**甘肃省研究与试验发展（R&D）人员**　（单位：万人）

年份	2010	2011	2012	2013
R&D人员	3.03	3.18	3.68	3.70
博士毕业	0.21	0.23	0.28	0.31
硕士毕业	0.49	0.52	0.63	0.63
本科毕业	1.33	1.28	1.47	1.44
其他人员	1.00	1.15	1.29	1.32

资料来源：《甘肃发展年鉴2014》。

二　甘肃省科技创新现状

（一）总体状况

甘肃省科技创新现状是：总体水平落后，经费投入、人员投入、拥有的科技创新成果数量均在全国处于相对落后水平，科技人才对科技发展的贡献率不高，工业企业创新能力有待进一步提高，民营科技企业创新实力薄弱。科技活动整体水平、工业企业科技活动水平、综合科技活动进步指数、开发区高新技术企业主要经济指标等相关统计数据清晰地反映了这一现状。

1. 整体水平

对表 6—2 相关指标在全国的比重进行如下分析：2013 年甘肃省科技活动项目中发表科技论文和出版科技著作相对较多，但是和全国总量相比占比仅为 1.63%和 1.95%，其余活动都低于 1%。特别是甘肃省专利申请授权数和技术市场成交额和全国总量相比占比太少，仅为 0.07%和 0.001%。一定程度上说明甘肃省科技创新人才在科技创新成果转化方面的效率较低。甘肃省 R&D 经费支出占全国比重为 0.56%，占甘肃省 GDP 比重为 1.07%，远低于全国水平 2.08%，说明甘肃省在 R&D 经费支出方面较其他省份少，对创新人才的经费投入方面不是很重视。

表 6—2　　甘肃省科技活动整体水平（2013）

项目	R&D 人员全时当量（万人/年）	R&D 经费支出（亿元）	R&D 经费支出相当于 GDP 比重（%）	发表科技论文（万篇）	出版科技著作（种）	专利申请受理数（万件）	专利申请授权数（万件）	技术市场成交额（亿元）
全国	353.3	11846.6	2.08	154	45730	237.70	131.30	7469
甘肃	2.50	66.92	1.07	2.51	892	0.41	0.09	0.10
比重（%）	0.71	0.56	—	1.63	1.95	0.17	0.07	0.001

资料来源：《2014 中国统计年鉴》、《甘肃发展年鉴 2014》以及甘肃省商务厅统计资料。

2. 规模以上工业企业科技创新活动水平

工业企业是科技活动价值创造的主要力量，根据国家统计局编制的《2013 中国统计年鉴》数据进行分析，截至 2013 年底，甘肃省规模以上工业企业研究与试验发展（R&D）活动及专利情况和全国对比如表 6—3。

从表 6—3 中数据来看，甘肃省工业企业科技活动各个项目占全国比重大部分在 0.4%—0.5%之间，最高占比为 1.01%。说明甘肃省工业企业的科技活动整体水平相对落后，但引进国外技术经费支出、R&D 活动的企业数、R&D 项目数的落后程度小于其他指标，一定程度上可以说明甘肃省科技创新成果的运用还有待进一步发展。

表 6—3　　规模以上工业企业科技创新活动水平（2013）

项目	有 R&D 活动的企业数（个）	R&D 人员全时当量（万人年）	R&D 经费支出（亿元）	R&D 项目数（万项）	新产品开发项目数（项）	专利申请数（件）	发明专利（件）	引进国外技术经费支出（亿元）
全国	54832	249.4	8318.4	32.57	358287	560918	205146	393.9
甘肃	291	1.25	40.07	0.17	1629	2440	638	3.96
比重（%）	0.53	0.50	0.48	0.52	0.45	0.44	0.31	1.01

资料来源：《2013 中国统计年鉴》。

3. 科技进步水平

科技部发布的全国综合科技进步水平指数可代表各地区科技创新总体水平，该指数将全国 31 个地区划分为五类（见图 6—1）。

第一类：综合科技进步水平指数高于全国平均水平（60.30%）的地区包括上海、北京、天津、江苏、广东和浙江。

第二类：综合科技进步水平指数低于全国平均水平（60.30%），但高于 50.78%的地区包括辽宁、山东、陕西、湖北、重庆、福建、黑龙江和四川。

第三类：综合科技进步水平指数低于 50.78%，但高于 40%的地区包括安徽、吉林、湖南、内蒙古、山西和甘肃。

第四类：综合科技进步水平指数在 40%以下，但高于 30%的地区包括宁夏、青海、河南、江西、河北、海南、广西、新疆、云南和贵州。

第五类：综合科技进步水平指数低于 30%的地区只有西藏。

2013 年的监测与 2012 年的监测比较，全国综合科技进步水平指数 2013 年比 2012 年提高了 0.02 个百分点，基本持平。各地区综合科技进步水平指数提高百分点排序如图 6—2 所示。

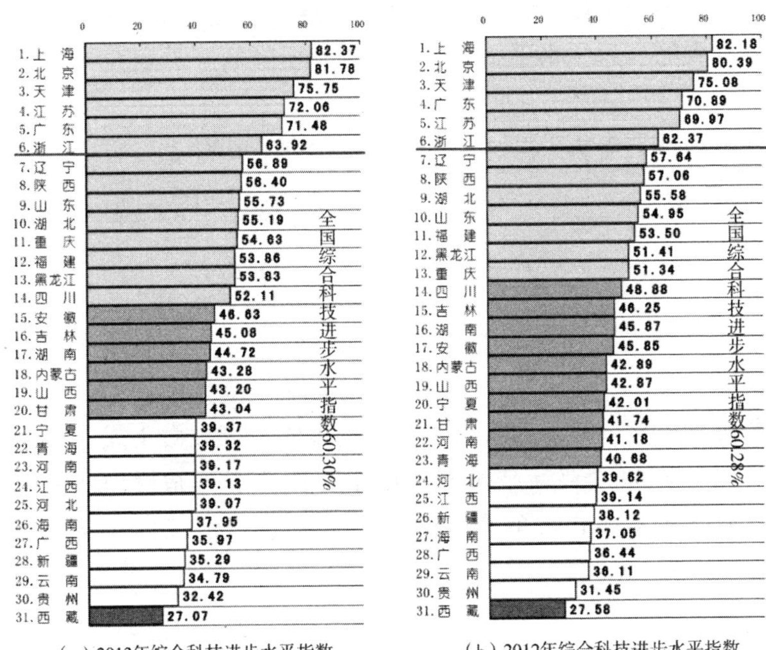

（a）2013年综合科技进步水平指数　　（b）2012年综合科技进步水平指数

图 6—1　各地区综合科技进步水平指数排序图

资料来源：中国科技统计网（http：//www. sts. org. cn/tjbg/tjjc/tcindex. asp）。

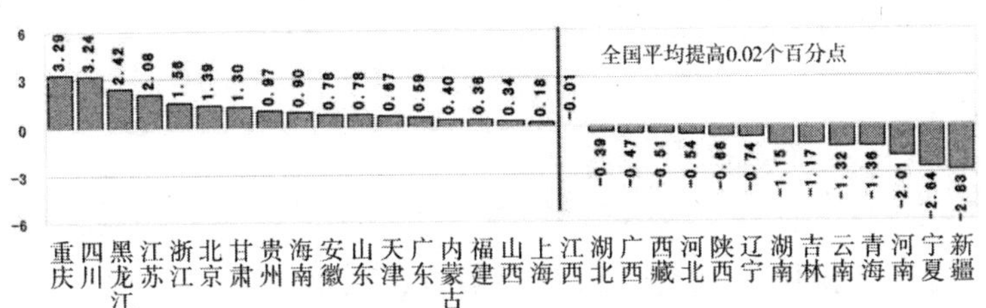

图 6—2　各地区综合科技进步水平指数提高百分点排序图

资料来源：中国科技统计网（http：//www. sts. org. cn/tjbg/tjjc/tcindex. asp）。

与2012年综合科技进步水平指数的排序比较，上海、北京、天津、江苏、广东和浙江，仍排在前6位，大多数省份的排名变化不大，基本在1个名次上下变动，位次变动较大的地区有：重庆和安徽均比上年上升2位；新疆比上年下降。2013年甘肃排第20位，比上年上升一位。就近几年甘肃省综合科技水平指数排名而言，

2010年和2011年排名都是第17位，而2013年排名下降了3位，说明甘肃省综合科技水平指数较前几年有所降低（见表6—4）。

表6—4 **甘肃省综合科技进步指数近几年全国排名情况**

年份	2010	2011	2012	2013
全国排名（位）	17	17	21	20

4. 开发区高新技术企业主要经济指标

高新技术开发区是各省市高新技术企业较为集中的地区，是科技创新较为集中、科技创新成果相对较多的地区。由于成立较晚等原因，在全国54个高新技术开发区企业主要经济指标中，兰州高新技术开发区实力相对落后。表6—5是兰州高新技术开发区相关指标在全国占比。

表6—5 **开发区高新技术企业主要经济指标（2013）**

	企业数（个）	从业人员（人）	总收入（万元）	出口总额（万美元）
全国	71180	14601730	1996488831	41333452
兰州	600	122113	14007477	24990
比重（%）	0.84	0.84	0.70	0.06

资料来源：《2014中国统计年鉴》。

从兰州高新技术开发区的企业个数、从业人员、总收入、出口额在全国的占比看出，兰州高新技术开发区的企业数量、从业人员和总收入占全国比重介于0.70%—0.85%之间，占比较小。出口总额占比仅为0.06%，表明兰州地处西北地区，在出口方面的劣势比较明显，未来有必要在提高各项指标的基础上重点提高产品出口总额。

5. 科技活动增长情况

从近三年甘肃省科技活动的增长情况（见表6—6）来看，有R&D活动的单位数、R&D人员、R&D经费内部支出、专利申请和授权数的增长情况各不相同，且增长不是很稳定。总体来看2012

年的增长水平高于2011年和2013年，在2012年和2013年环比增长较快的是专利申请数和受理数，增长最少的是发表科技论文数。2013年R&D人员的增长较2012年下降较多，一定程度上与科技活动人员外流有关。R&D经费内部支出基本保持在10%以上的增长率，主要是政府每年的支持力度不减。

表6—6　　**近三年甘肃省科技活动增长情况**

指标	2010年	2011年	环比增长（%）	2012年	环比增长（%）	2013年	环比增长（%）
有R&D活动的单位（个）	331	383	15.71	428	11.75	529	23.60
R&D人员（人）	30321	31819	4.94	36760	15.53	37046	0.78
R&D人员全时当量（人年）	20774	21283	2.45	24290	14.13	25049	3.12
R&D经费内部支出（万元）	415886	485261	16.68	604762	24.63	669194	10.65
发表科技论文（篇）	26016	24199	-6.98	24083	-0.48	25095	4.20
出版科技著作（种）	645	699	8.37	827	18.31	892	7.86
专利申请受理数（件）	1817	1994	9.74	2848	42.83	4103	44.07
发明专利	933	1002	7.40	1314	31.14	1527	16.21
专利申请授权数（件）	304	426	40.13	624	46.48	887	42.15
发明专利	187	281	50.27	365	29.89	383	4.93
有效发明专利数（件）	1554	2004	28.96	2491	24.30	2578	3.49
专利所有权转让及许可数（件）	138	159	15.22	208	30.82	211	1.44

资料来源：《甘肃发展年鉴2014》。

（二）甘肃省科技创新活动投入

R&D 经费投入指地区为被调查单位用于开展 R&D 活动（基础研究、应用研究和试验发展）的经费支持情况。该数据的大小往往代表着该地区或者企业对科技创新投入的重视程度，数据越大说明对科技创新投入越重视。从历年数据来看，上海市和浙江省是科技创新投入相对较高的地区，作为经济较为发达的地区，上海市和浙江省对科技创新仍然比较重视。笔者通过对比上海市、浙江省和甘肃省三个地区的 R&D 经费投入情况，可以分析甘肃省在 R&D 经费投入上与经济发达地区的差距和效果。表 6—7 是 2004—2013 年上海、浙江和甘肃三地区分别对 R&D 经费投入的基本情况。

表 6—7 **2004—2013 年三省市 R&D 经费支出** （单位：亿元）

年份	R&D 经费支出		
	上海	浙江	甘肃
2004	171.1	115.5	14.4
2005	208.4	163.3	19.6
2006	258.8	224	24
2007	307.5	281.6	25.7
2008	355.4	344.6	31.8
2009	423.4	398.8	37.3
2010	481.7	494.2	41.9
2011	597.7	598.1	48.5
2012	679.5	722.6	60.5
2013	776.8	817.3	66.9

从以上数据可以看出，2004—2013 年，甘肃 R&D 经费投入一直呈递增的趋势，由 2004 年的 14.4 亿元增至 2013 年的 66.9 亿元，2013 年是 2004 年的 4.65 倍。尽管如此，与全国和东中部发达地区仍

差距很大，而且越来越大。2013 年上海 R&D 经费投入已达到 776.8 亿元，浙江 817.3 亿元，分别是甘肃 66.9 亿元的 11.61 倍和 12.22 倍。从增长率上来看，浙江和上海两地对 R&D 经费投入的增长速度基本一致，但是都大于甘肃省对 R&D 经费投入的增长速度（见图 6—3）。这些数据说明，经济越发达的地区对科技创新的投入越大。

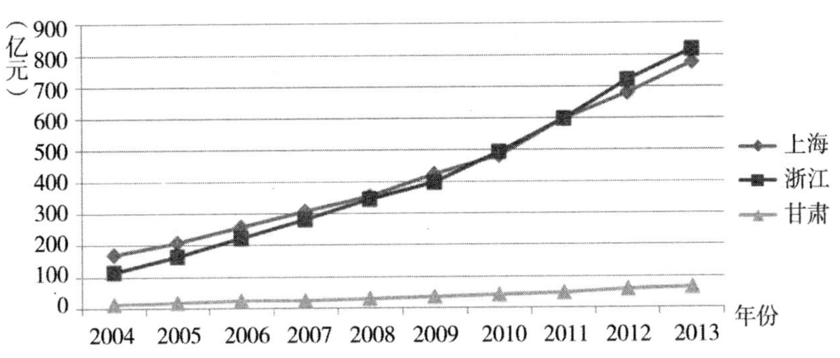

图 6—3　2004—2013 年三省市 R&D 经费支出对比折线图

资料来源：《甘肃发展年鉴》、《上海发展年鉴》、《浙江发展年鉴》。

（三）甘肃省科技创新成果现状

1. 科技创新成果数量

专利申请受理与授权数是科技创新最典型的成果。表 6—8 是 2004—2013 年上海、浙江、甘肃的科技专利的申请受理量与授权量对比情况。

表 6—8　**三种专利授权量（国内）**　（单位：件）

年份	上海		浙江		甘肃	
	受理数	授权数	受理数	授权数	受理数	授权数
2004	20471	10625	25294	15249	910	514
2005	32741	12603	43221	19056	1759	547
2006	36042	16602	52980	30968	1460	832
2007	47205	24481	68933	42069	1608	1025

续表

年份	上海		浙江		甘肃	
	受理数	授权数	受理数	授权数	受理数	授权数
2008	52835	24468	89931	52953	2178	1047
2009	62241	34913	108482	79945	2676	1274
2010	71196	48215	120742	114643	3558	1868
2011	80215	47960	177066	130190	5287	2383
2012	82682	51508	249373	188463	8261	3662
2013	86450	48680	294014	202350	10976	4737

图 6—4、图 6—5 清晰地反映了甘肃省在专利受理和授权数上与发达城市之间的差异。2004 年甘肃专利申请受理数是 910 件，上海是 20471 件，上海大约是甘肃的 22 倍。专利授权数甘肃 2004 年是 514 件，上海是 10625 件，上海大约是甘肃的 21 倍。到了 2013 年甘肃申请受理数为 10976 件，上海是 86450 件，上海是甘肃的 7.9 倍，专利授权数的倍数为 10.3。虽然差距倍数近几年在不断缩小，但是甘肃同浙江、上海这类发达城市在科技专利成果方面的差距依然比较大。从折线图上可以看出，上海近几年的专利受理和授权数增长得比较明显，表明发达城市对科技专利的重视程度仍然比较高，这方面应该是甘肃省需要效仿和学习的。

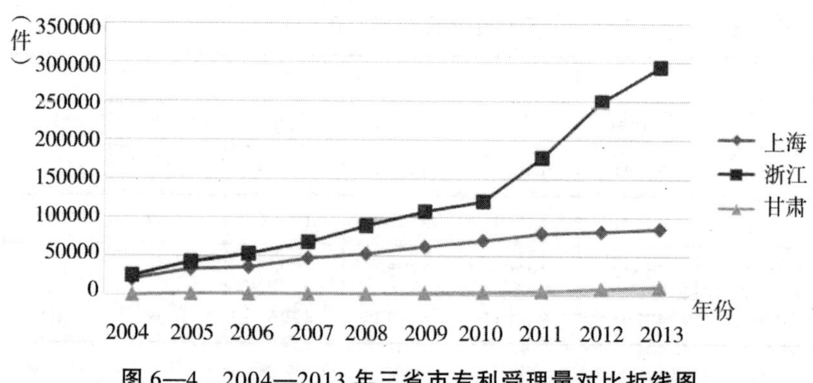

图 6—4　2004—2013 年三省市专利受理量对比折线图

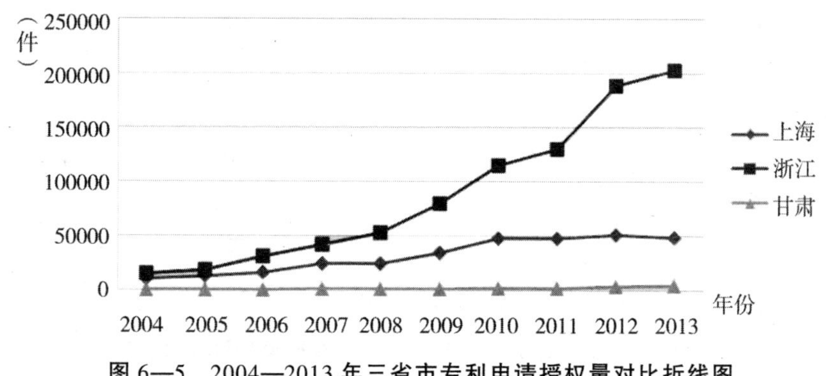

图 6—5　2004—2013 年三省市专利申请授权量对比折线图

2. 技术市场成交额

技术市场成交额是技术市场作用大小的“指南针”，反映了科技创新成果市场的交易规模，代表着科技创新成果交易市场化的程度。市场化程度越高，科技创新速度越快，科技创新水平越高。表 6—9、图 6—6 是全国、上海、浙江与甘肃技术市场成交额的相关数据表和折线对比图。

表 6—9　　**上海、浙江、甘肃技术市场成交额对比**

年份	全国（万元）	上海（万元）	比重（%）	浙江（万元）	比重（%）	甘肃（万元）	比重（%）
2004	13343630	1716963	12.87	581465	4.36	119608	0.90
2005	15513694	2317328	14.94	386954	2.49	172736	1.11
2006	18181813	3095095	17.02	399618	2.20	214534	1.18
2007	22265261	3548877	15.94	453474	2.04	262107	1.18
2008	26652288	3861695	14.49	589189	2.21	297560	1.12
2009	30390024	4354108	14.33	564581	1.86	356287	1.17
2010	39065753	4314374	11.04	603478	1.54	430845	1.10
2011	47635589	4807491	10.09	718968	1.51	526386	1.11
2012	64370683	5187473	8.06	813079	1.26	730619	1.14
2013	74691254	5316804	7.12	814958	1.09	999936	1.34

资料来源：《2014 中国统计年鉴》。

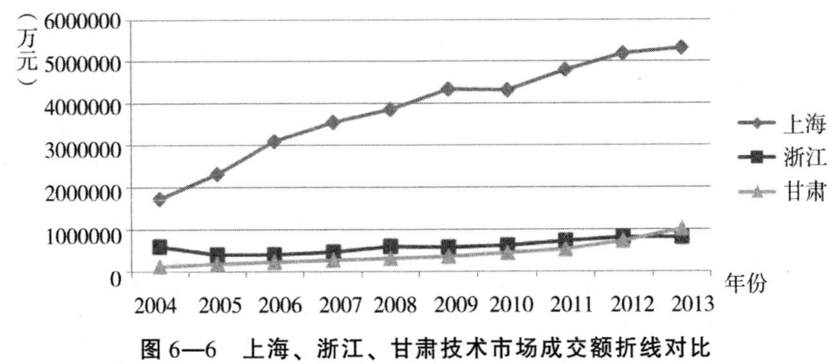

图 6—6　上海、浙江、甘肃技术市场成交额折线对比

从上海、浙江、甘肃的技术市场成交额可以看出，三省市近十年来技术市场成交额都在不断上升，其中上海和浙江的技术市场成交额占全国的比重近十年来有下降的趋势，甘肃省技术市场成交额近十年来一直在上升，说明甘肃省技术交易市场化的程度在不断提高，但比重仍然很低，2013 年占全国的比重仅为 1. 34%，远低于上海 7. 12%的水平。从折线图上可以看出甘肃省的技术市场成交额也远低于上海地区，且差距仍在拉大，可见甘肃省技术市场还不够成熟，需要政府采取一定的措施来完善技术市场，促进技术交易。

（四）甘肃省内各地区科技创新现状

1. 各地区科技活动基本情况（见表 6—10）

表 6—10　**各地区研究与试验发展（R&D）情况（2013）**

地区	有 R&D 活动的单位数（个）	R&D 人员（人）	R&D 人员折合全时人员（人年）	研究人员（人）	按活动类型分 R&D 人员折合全时人员（人年）			R&D 经费内部支出（万元）	R&D 经费外部支出（万元）
					基础研究	应用研究	试验发展		
兰州市	183	19918	13374	9213	3446	183	6257	319179	9006
嘉峪关市	5	809	711	435		5	675	76537	4481

续表

地区	有 R&D 活动的单位数（个）	R&D 人员（人）	R&D 人员折合全时人员（人年）	研究人员（人）	按活动类型分 R&D 人员折合全时人员（人年）			R&D 经费内部支出（万元）	R&D 经费外部支出（万元）
					基础研究	应用研究	试验发展		
金昌市	14	2563	1328	1244		14	1306	77759	44404
白银市	21	2582	1698	965		21	1668	45402	6148
天水市	36	3087	2194	1047	116	36	1956	35077	1065
武威市	56	1474	1066	268	7	56	761	12501	277
张掖市	62	1191	795	378	39	62	670	17702	444
平凉市	14	541	445	228	1	14	365	4937	1176
酒泉市	75	2558	2106	707	40	75	1735	51427	1827
庆阳市	34	1430	794	381	34	34	346	16788	275
定西市	10	319	196	89	5	10	126	5420	178
陇南市	6	137	91	38	1	6	90	1299	536
临夏州	7	244	182	101		7	181	3216	490
甘南州	6	193	70	37	12	6	36	907	59

资料来源：《甘肃发展年鉴 2014》。

从表 6—10 可以看出，甘肃省科技创新人才投入、经费投入、科技项目经费支出等科技活动区域分布极不均衡，兰州市遥遥领先，而少数民族地区科技发展实力薄弱，政府需要加大这些地区的投入，提高全省科技创新的整体水平。

2. 各地区科技项目（课题）

一个地区科技项目（课题）的多少往往代表着这个地区的人才数量和科技创新能力，同时也代表着一个地区对科技创新的支持力度。所以有必要统计各个地区的科技项目情况并进行对比分析。甘肃省各地区科技项目情况统计结果见表 6—11。

表 6—11　　**甘肃省各地区科技项目（课题）情况**（2013）

地区	项目（课题）数（项）	项目（课题）参加人数折合全时当量（人年）	研究人员（人）	项目（课题）经费内部支出（万元）
甘肃省	13403	21850	12554	487653
兰州市	10937	11739	7358	232130
嘉峪关市	60	649	397	52262
金昌市	171	1250	1176	61612
白银市	161	1591	913	22822
天水市	688	1905	908	24119
武威市	164	820	211	9559
张掖市	299	687	322	14758
平凉市	66	364	176	3437
酒泉市	268	1822	589	44061
庆阳市	345	564	285	13996
定西市	47	182	78	4205
陇南市	22	55	22	1012
临夏州	21	161	93	3069
甘南州	154	62	26	611

资料来源：《甘肃发展年鉴 2014》。

从表 6—11 可以看出甘肃省各地区科技项目中以兰州市为最多，为 10937 项，占全省总数的 81.6%。这说明甘肃省的科技项目主要集中在省会城市兰州。从其他市州的数据可以看出其余各个市州的科技课题数目也不平衡。天水市、庆阳市、张掖市居多，陇南市和临夏州最少，并且都远远低于兰州市。说明甘肃省各个地区的科技创新能力十分薄弱，有必要提高甘肃省科技创新能力比较薄弱地区的创新支持力度。

3. 甘肃省不同主体专利申请与授权量

对不同主体的专利申请量和授权量进行分析可以看出不同的主

体单位对该地区专利量的贡献程度，表6—12是甘肃省2012年和2013年不同主体单位专利申请量与授权量的对比情况。

表6—12　2012年、2013年甘肃省不同主体专利申请与授权量

指标	申请量				授权量			
	2012		2013		2012		2013	
	数量（件）	比重（%）	数量（件）	比重（%）	数量（件）	比重（%）	数量（件）	比重（%）
总计	8261	100	10976	100	3664	100	4737	100
大专院校	754	9.13	1141	10.40	405	11.05	591	12.48
科研单位	585	7.08	681	6.20	265	7.23	297	6.27
企业	2416	29.25	3594	32.74	1530	41.76	2245	47.39
机关团体	63	0.76	83	0.76	37	1.01	34	0.72
非职务	4443	53.78	5477	49.90	1427	38.95	1570	33.14

资料来源：《甘肃发展年鉴2014》。

从表6—12中可以看出甘肃省不同主体中企业的申请量与授权量占全部申请量和授权量的比重为：2012年，申请量占比29.25%，授权量占比41.76%；2013年，申请量占比32.74%，授权量占比47.39%。这说明甘肃省专利申请与授权量主要来源于企业，也表明了企业在专利申请方面的重视程度。这主要是由于企业的专利技术可以比较快速地转化为经济效益，因此企业也比较愿意申请专利保护。大专院校的专利申请量与授权量占全部申请与授权量的比重为：2012年，申请量占比9.13%，授权量占比11.05%；2013年，申请量占比10.40%，授权量占比12.48%。这些数据说明，甘肃省大专院校专利申请量与授权量为甘肃省科技创新发展做出的贡献低于企业。同时高校发明专利难以产生经济效益，原因在于专利的实用性未得到认可，同时发明专利未通过技术市场交易运用于产品生产和价值创造的过程，仅停留于专利状态。相比之下，甘肃省企业科技创新成果在甘肃省科技创新成果中的比重不到1/3，

全国水平超过1/3，而且专利总数中有一半是非职务专利，这说明作为科技创新的主体——甘肃省企业在科技创新的主动性和创新成果方面不尽如人意。

虽然造成甘肃省科技创新水平落后的原因是多方面的，但其中最重要的原因是甘肃省创新人才培养机制和管理制度落后。要提高甘肃省科技创新水平，首先要改变落后的人才培养机制和管理制度。

三　甘肃省科技创新人才培养机制问题分析

随着我国市场经济的不断发展和改革开放步伐的加快，对人才的培养，特别是对科技创新人才的培养成为最为迫切的任务。自从实施西部大开发战略以来，国家加大了对甘肃省各项建设的投入，经济有了一定的发展动力，但科技创新人才的数量和质量与中东部地区仍存在较大差距。人力的落后是整个地区经济发展落后的根本原因之一，因此，加强科技创新人才的培养是甘肃省发展经济的必经之路。目前，甘肃省科技创新人才的培养机制存在以下问题。

（一）高校创新人才培养模式相对落后

高校是培养创新型人才的摇篮，也是企业各类科技创新人才最主要的培养基地。高校教师由于职称、学历相对较高，因而属于科技创新人才中的高层次人才，其创新意识和能力对区域科技创新人才的基本素质有较大的决定作用。目前，甘肃省内各大高校创新人才的培养模式比较落后，表现如下。

1. 高校未形成培养学生创新能力的意识

高校日常课程多数是理论课程，缺少科技创新能力培养活动，未形成参与科技创新氛围。只有少部分人参加了为数不多的科技创新活动，大多数学生只具备书本知识，既没意识也没机会参与创新问题的解决。高校对学生的考核标准也相对单一，除了学习成绩，其他社会实践、创新活动等都是比较形式化的过程，虽然针对学生创新能力也制订培养计划，但并没有很好地落实和实行。这些缺乏创新意识的培养方式导致学生在未来的工作中缺少创新思维和创新积极性。

2. 高校仍然采用“象牙塔”式教学方式

甘肃省内高校对人才的培养较为封闭，与社会和企业联系不够密切。这样一来，一方面，高校得不到更好的教育资源与社会资源进行创新型人才的培养；另一方面，高校培养的人才在现实社会中必须经过社会适应性锻炼，才能形成创新成果。

3. 甘肃省教育资源相对匮乏，共享困难

教育资源得不到良好配置而造成了大量浪费，这在一定程度上阻碍了高校对创新型人才的培养。

4. 高校及科研单位的科研创新成果难以转化为实际生产力

高校教师是科技创新人才的一个重要组成部分，然而，研究成果完成对高校教师来说任务已完成，已能据此得到相应的奖金或津贴，至于这些研究成果能否创造价值，不是高校科技创新工作的考核指标。因而高校只注重对科技项目数量的评估，忽视创新成果转化工作。

（二）企业对创新人才培养不够重视

很多企业不重视科技创新人才的培养。科技创新工作需要耗费大量的人力物力，前期投入比较大，而且存在一定的风险。甘肃大部分企业规模较小，经济效益、发展速度等受到限制，企业的经营管理理念相对落后，再加上缺乏创新意识，很多企业对科技创新人才的培养未给予足够的重视。另外，甘肃省各企业相对于中东部地区来说各方面条件比较差，人才流出率较高，一般的企业不愿意将有限的资金投入科技创新人才的培养中。

（三）科技创新人才培训的总体质量不高

甘肃省大多数企业对科技创新人才的培训形式单一、缺少灵活性，导致培训总体质量不高。大多是企业分部门举办一些短期的培训班。偶尔为了企业达标等一系列目的还会进行应急培训。而其他形式的培训形式，如继续深造、与相关领域学者的交流等，由于缺乏必要的经费，又没有一套完整的培养体系，使得科技创新人才的培训工作开展起来比较困难。企业内部没有专门针对创新人员的培训和交流活动，政府又难以对科技创新人员整体进行培训。虽然投入了一定的人力物力，但甘肃省对科技创新人员的培训效果很不理想，企业对培训的衡量标准仅仅是一次考核，甚至有的企业在培训后没有任何考核，这使得培训效果本身就得不到很好的衡量。大多数企业的培训过程就像走过场，没有实质性的效果，久而久之，创新人员对这类培训也缺乏积极主动性，甚至产生排斥，认为这是在浪费时间和资源。这种恶性循环对创新人才的培训产生了非常不利的效果，最终将影响他们工作的积极性。

（四）缺乏对创新人员工作环境的培育

这里提到的环境包括科技创新人员的工作环境、竞争环境和发展空间。甘肃省企业对科技创新人才的培养重视形式和技能，忽略了对工作环境的培育。环境作为科技创新工作的辅助因素，为提高科技创新人员工作的积极性产生了巨大影响。甘肃省创新人员的工作环境较差，主要表现在：缺少独立的工作空间，对成果数量要求较高，创新人员工作压力较大，缺少公平、公正晋升和提拔机会，领导独享科技成果的所有权，发展空间狭小等。目前，甘肃省大多数企业还没有意识到环境的重要性，创新人员的工作环境、竞争环境和发展空间并没有得到很好的培养，大多数创新人才的创新潜力并未完全发挥，导致他们因对工资、奖金、晋升等方面不满意而流出甘肃省。

（五）对创新文化的重视程度不够

在知识经济的时代，创新文化已成为当今企业的核心竞争力。创新文化是一种培育企业创新能力的文化，这种文化能够唤起一种不可估量的能量，使员工在工作中产生责任感和主动性，以此来较快地完成组织分配的任务。创新文化包括新的价值观、创新准则、创新制度、创新物质文化等。由于企业文化的独特性将越来越表现为企业差异化战略和企业的核心竞争力，因此创新文化的建设已经成为新时代企业的生命力量。甘肃省企业在创新文化的建设方面存在很多问题。

（1）部分企业没有完全理解创新文化的含义，将创新文化建设与人才培养分离开，将它们作为两个独立的活动来开展，或者只提创新文化而没有实际行动，既浪费资源又达不到良好的效果。

（2）没有形成对创新文化的深入认识，表现为对创新人员的重视程度不够。很多科技创新人员在工作中由于各方面条件的限制，既不能发挥自己的潜能，又得不到上级的尊重和重视，精神需求和物质需求都得不到满足，无法形成对企业的依赖感，工作积极性和对企业的忠诚度偏低，因此企业创新文化也就难以有效提升。

（3）缺少团队创新文化。科技人员的创新活动不是一个人的活动，并且一个人的思维和能力有限，团队精神在科技创新工作中尤为重要。但是，甘肃省企业在团队创新方面还做得不到位，很多企业的科研项目从申请、研发、结项、成果分享等都是以个人形式进行的，势单力薄，难以形成有影响力的成果。

（4）甘肃省企业还没有树立全员创新的企业文化。创新不是某些人或某个部门的专属活动，企业里人人都应该能创新，只有全体员工都具备创新意识，企业鼓励创新活动，科技创新才会有更多、更好的成果。然而，在甘肃省很多企业里，科技创新就是科技人员的事，其他员工几乎不参与，对创新的重视没有得到普及。

（六）创新人才培养缺乏计划性和前瞻性

甘肃省对创新人才的培养缺少规划和计划，人才急需时才紧急进行培训，缺少预见性和前瞻性。这导致甘肃省科技创新人才的后备力量不足。由于现在科技知识更新换代速度加快，对科技创新人员的培训应当是一个不间断的过程。

（七）创新人才的培养针对性不强

甘肃省各企业在开展对科技创新人员的培养、培训中，并没有一套比较科学、完整的体系来衡量和发掘当前的培训需求，培训、培养的过程缺乏系统性和针对性，普遍带有盲目性，导致必要的培训没有进行，进行的培训又不一定有用，造成培训的效率大大降低，没有实现资源的优化配置。

（八）创新人才培养的政策、法规、制度不健全

近年来，甘肃省采取了一系列政策推进人才强省的战略，对各类专家每月给予不等的津贴。另外，甘肃省一直坚持实行“甘肃省科技功臣奖”，对获奖者给予60万元重奖。虽然对科技人才采取了一定的奖励措施，但甘肃省的人才政策偏向于高校及其科研机构，针对企业创新人才的政策较少，缺少配套政策和管理制度，表现为以下几个方面。

1. 企业科技创新人才的培养管理体制不完善

甘肃省政府对于科技创新人才的培养存在职能交叉、管理方式落后等问题。职能交叉是指政府对有关培养科技创新人才的部门的权责分配不清，每一项政策下发后，都得不到较好的落实。由于职能交叉，培养人才的主体没有办法明确界定，各部门社会职责不清。这将导致另一个更为严重的问题，那就是各部门将出现“踢皮球”的现象，对于培养创新人才的任务总是这个部门推那个部门，结果每个部门都认为不属于自己的权责范围，任何问题都得不到解决。对于创新人才的培养名义上谁都管，实际上谁都不管，多半都是形式主义。

2. 缺乏法律制度环境保障

甘肃省创新人才的培养面临最突出的问题之一就是缺乏法律制度环境的保障。国家早已颁布了《专利法》、《知识产权保护法》等，但是，甘肃省假冒伪劣产品依然存在，制假贩假得不到控制，原因就是甘肃省执法的力度不够，惩处方式存在严重问题，甚至有些地方政府为了自身局部短期的效益，对制假贩假视而不见，严重损害了当地经济。在这样的环境中，创新者的积极性严重受挫。另外，甘肃省缺乏有利于创新人才的激励机制和评价机制，创新所获得的收益与创新人才所得到的回报有所脱离，打击了创新人才的工作积极性；甘肃省政府对企业的评价标准仅限于当年的产值和利润，忽视了对企业的实力和发展前景的评估，不能很好地引导企业

制定长期战略，保持持续的创新能力。

3. 培养企业科技创新人才的制度不够完善

目前，甘肃省大多数企业对人才的培养仍沿用传统模式，以培训为主，形式单一、内容简单，缺少灵活性。从甘肃省企业整体看，对于专业技术学科带头人的培养较好，对于企业科技创新人才的培养较差，培养制度不完备。

四　甘肃省科技创新人才激励问题分析

科技创新人才的培育及其工作积极性的调动都与激励密切相关。良好的激励机制和政策是激发科技人才的能动性和创造性的有效手段和保证，是增强企业的自主创新能力，提高企业的核心竞争力的前提。目前，甘肃省企业和政府对科技创新人才的激励制度存在多方面问题，本部分从企业和政府管理这两个层面来具体分析。

（一）企业层面

企业是科技人员进行创新的场所，是创新活动取得成功的关键。每一项创新活动的顺利进行都需要企业提供一系列配套的措施和制度。为了解企业科技创新人才工作满意度及工作积极性影响因素，笔者设计了调查问卷（问卷见附录），选择了部分国企和民营企业的研发机构，实施了调查活动，共发放调查问卷1000份，回收有效问卷898份，首次调查完成时间为2007年，统计结果如下。

关于“您对您目前工作情况评价”的统计结果见表6—13。

表6—13　**对目前工作情况评价百分比统计**　（单位：%）

	很满意	满意	一般	不太满意	不满意
工作环境	6.90	46.10	35.75	9.47	1.78
工资及福利	1.89	35.19	48.44	10.36	4.12
晋升制度	4.23	18.37	53.45	17.93	6.01

续表

	很满意	满意	一般	不太满意	不满意
企业文化	12.03	36.41	38.64	12.69	0.22
同事关系	9.91	58.35	27.17	4.12	0.46
工作成就	3.34	28.51	49.89	14.37	3.90
发展空间	4.79	22.27	49.11	18.04	5.79
培训机会	3.23	18.82	54.23	17.59	6.12
科研经费	3.90	32.96	47.44	10.80	4.90
科研奖励	2.56	20.49	47.66	22.61	6.68

对科研任务占用时间、完不成任务的影响、创造性发挥了多少、任务来源、理想月工资、实际月工资的统计结果见表6—14。

表6—14 对科研任务占用时间、完不成任务的影响、创造性发挥了多少、任务来源、理想月工资、实际月工资统计百分比

(单位：%)

科研任务占用时间	0—25%	25%—50%	50%—75%	75%—100%	100%以上
	6.46	16.82	46.99	26.73	3.10
任务完不成对您的影响	奖金、津贴减少	工资减少	晋升缓慢	福利减少	没影响
	64.37	7.57	14.48	4.57	9.02
创造性发挥了	0—25%	25%—50%	50%—75%	75%—100%	100以上%
	9.91	37.08	36.41	15.03	1.56
科研任务来源	国家	省、部	市、地	企业	自主
	4.12	14.70	6.68	68.93	5.57
理想月工资收入	2000—2999元	3000—3999元	4000—4999元	5000—7999元	8000元以上
	4.57	20.04	21.49	40.53	13.36
实际月工资收入	2000元以下	2000—2999元	3000—3999元	4000—4999元	5000元以上
	7.13	42.87	34.08	14.03	1.89

对“找出最影响工作积极性的五个事件”的统计结果见表6—15。

表6—15　　**最影响工作积极性五个事件统计百分比**　　（单位：%）

	第一	第二	第三	第四	第五
不能分享成果收益	21.05	15.48	7.35	7.80	11.69
收益分配不均	21.49	19.49	14.70	10.91	8.35
研发自主性低	17.48	16.15	18.49	8.35	7.35
研发费用不足	3.34	7.35	11.14	12.69	10.13
工作环境恶劣	5.01	3.79	8.57	4.34	9.91
成果排位领导在前	7.57	9.91	14.48	10.13	5.57
职业晋升不畅	3.79	4.57	8.35	20.04	11.58
科研管制不合理	14.14	14.14	7.57	17.37	10.13
发展空间小	6.12	9.13	9.35	8.35	25.06
其他	0	0	0	0	0.22

对“认为所在的企业科研开发管理工作中存在的最主要的三个问题是什么”的统计结果见表6—16。

表6—16　　**所在的企业科研开发管理工作中存在的最主要的三个问题统计百分比**　　（单位：%）

A	B	C	D	E	F	G	H
9.80	19.49	25.39	6.57	11.47	5.46	6.68	15.14

说明：I其他：设备落后；未知人善用，各尽其才。

从上述问卷调查的结果来看，2007年甘肃省科技人员仅仅对工作环境和同事关系这两项的满意程度达到50%以上，其他各项的满意程度均不到一半，其中晋升制度、培训机会和科研奖励这三项的满意程度均不到总数的30%。在调查中，有76.82%的科技工作者表示他们参与科研的工作时间占据了所有工作时间的一半以上，然而创造性潜力并没有完全激发出来，有46.99%的科技人员发挥了低于自己50%的潜力。甘肃省大多数科技人员承担的科技项目68.93%来源于企业安排，自主安排的非常少，只占调查人数5.57%，64.37%的科研项目都与科技人员的奖金、津贴挂钩，科技人员的研发自主性低。另外，甘肃省科技人员的实际工资水平与他们期望的工资水平有一定的差距，75.38%的被调查者期望工资在4000元以上，然而实际工资在4000元以上的只占总人数的15.92%，科技创新人员的工作积极性并没有完全调动起来。在他们看来，在影响工作积极性的众多因素中，最主要的因素是“不能分享成果因素”、“收益分配不均”和“研发自主性低”，分别有36.53%、40.98%、33.63%的科技人员认为这三项的影响力是处于第一或者第二的位置，加上排位第三的人数，超过50%，“科研管理制度不合理”、“成果排位领导在前”和“发展空间小”紧随其后。

为了得出甘肃省科技企业创新人才工作满意度近几年的变化情况，为甘肃省科技人才激励问题提出一些合理的建议，笔者在2015年对原始调查对象进行了重新抽样调查，并与2007年的调查结果进行对比分析。考虑到物价水平以及人均收入增长的变化，笔者将原始调查问卷中的第六、第七题收入情况进行了整体上的提升，将理想月工资收入提高到3000—4999元、5000—7999元、8000—9999元、10000—14999元、15000元以上五个等级，将实际月工资收入提高到3000元以下、3000—4999元、5000—7999元、8000—9999元、10000元以上五个等级，其余题目保持不变。调查结果如表6—17到表6—20所示。

表6—17 **对目前工作情况评价百分比** （单位：%）

	很满意	满意	一般	不太满意	不满意
总体评价	23.16	54.74	17.89	3.16	1.05
工作环境	18.95	53.68	24.21	3.16	0.00
工资及福利	13.68	40.00	34.74	10.53	1.05
晋升制度	15.79	40.00	38.95	5.26	0.00

续表

	很满意	满意	一般	不太满意	不满意
企业文化	22.11	50.53	25.26	1.05	1.05
同事关系	42.11	46.32	10.53	10.5	0.00
工作成就	15.79	36.84	40.00	5.26	2.11
发展空间	17.89	45.26	30.53	4.21	2.11
培训机会	12.63	34.74	36.84	11.58	4.21
科研经费	9.47	25.26	47.37	12.63	5.26
科研奖励	12.63	25.26	51.58	5.26	5.26

表 6—18　**对科研任务占用时间、完不成任务影响、创造性发挥了多少、任务来源、理想月工资、实际月工资统计百分比**　（单位：%）

科研任务占用时间	0—25%	25%—50%	50%—75%	75%—100%	100%以上
	21.05	23.16	37.89	15.79	2.11
任务完不成对您的影响	奖金、津贴减少	工资减少	晋升缓慢	福利减少	没影响
	53.68	10.53	18.95	9.47	7.37
创造性发挥了	0—25%	25%—50%	50%—75%	75%—100%	100%以上
	11.58	26.32	48.42	11.58	2.11
科研任务来源	国家	省、部	市、地	企业	自主
	8.42	9.47	5.26	58.95	17.89
理想月工资收入	3000—4999 元	5000—7999 元	8000—9999 元	10000—14999 元	15000 元以上
	2.11	35.79	28.42	29.47	4.22
实际月工资收入	3000 元以下	3000—4999 元	5000—7999 元	8000—9999 元	10000 元以上
	18.95	46.32	24.21	9.47	1.05

表 6—19 最影响工作积极性的五个事件统计百分比 （单位：%）

	第一	第二	第三	第四	第五
不能分享成果收益	10.53	14.74	16.84	11.58	9.47
收益分配不均	4.21	13.68	15.79	20.00	10.53
研发自主性低	18.95	16.84	15.79	11.58	8.42
研发费用不足	38.95	12.63	7.37	10.53	5.26
工作环境恶劣	12.82	25.64	23.08	7.69	30.77
成果排位领导在前	6.32	2.11	3.16	8.42	3.16
职业晋升不畅	2.11	13.68	10.53	9.47	12.63
科研管制不合理	12.63	18.95	10.53	16.84	11.58
发展空间小	18.95	11.58	14.74	7.37	15.79

表 6—20 所在的企业科研开发管理工作中存在的最主要的三个问题统计百分比 （单位：%）

A	B	C	D	E	F	G	H	I
10.61	7.76	22.45	18.73	9.80	6.12	5.71	17.96	1.22

在最新的调查问卷中笔者加入了甘肃省科技创新人员对工作情况满意度的总体评价标准。从最新的调查的结果来看，甘肃省科技人员工作满意度总体评价水平较 2007 年有所提高，其中工作环境、企业文化和同事关系满意度总体达到 70%左右，满意度在 40%以下的只有科研经费和科研奖励两项，同时各项满意度较之前也有所提高。有 55.79%的科技工作者认为他们参与科研工作的时间占据了所有工作时间的一半以上，这一时间较 2007 年有所减少，然而 62.11%的科技工作者认为他们发挥了 50%以上的创造性潜力，较 2007 年的 53.00%有所提高，这说明甘肃省企业在利用人才上变得更加合理，使科技工作者更多地发挥了自己的创造性潜力。从科研任务来源上来看，科技人员自主安排占比 17.89%，和 2007 年相比增长了近 3 倍，而企业安排占比为 58.95%有小幅度降低。自主安

排的提高表明企业对科技人员自主研发的重视程度有所提高，这样更加有利于对科技人才的激励。从科技人员理想月工资收入和实际月工资收入的对比上可以看出 97.89%的科技创新人员期望月工资在 5000 元以上，然而实际月工资在 5000 元以上的占比为 34.73%，但是仍然有一半以上的科技创新人员没有拿到满意的薪酬，较低的薪酬水平也不利于调动科技创新人员的工作积极性。在影响工作积极性的众多因素中，最新的调查数据显示最主要的因素是研发费用不足、研发自主性低和工作环境恶劣，分别有 51.58%、35.79%、38.46%的科技人员认为这三项的影响力是处于第一或者第二的位置。在企业研发管理工作中存在的主要问题为科研人员工作积极性未调动起来、研发费用不足和未建立良好的研发团队，占比分别为 22.45%、18.73%和 17.96%。这一调查结果和 2007 年企业研发管理存在的问题大致相同。总体上来看，甘肃省科技创新人员的工作满意度、工作敬业度和收入水平较之前有所提高，但是各方面提高的水平并不是非常突出。从问卷调查的分析结果来看，甘肃省创新人才激励在企业层面普遍存在以下比较突出的问题。

1. 科技创新人才薪酬设计存在官本位和平均主义现象

从调查问卷结论来看，甘肃省科技创新人才薪酬需要未满足，薪酬分配方面也存在未尽如人意之处。在笔者的调查访谈中，部分科技创新人员对利益分配中的“官本位”和内部“平均主义”现象既深恶痛绝又无可奈何。“官本位”现象指管理人员在利益分配过程中始终处于主导地位，而且利用主导地位制定有利于自己的薪酬分配和各种利益分配政策，使他们在利益分配中得到大头儿。“平均主义”是很多企业对科技创新人员的奖励相差幅度不大，有的是按科室进行奖励，同一科室奖励金额平均分配。然而在同一科室内，科技人员的工作或者说为企业做的贡献不一样，如果实施无差别的奖励，不但打击了先进科技人员工作的积极性，而且助长了后进人员不思进取的风气，利益分配产生了消极作用。“官本位”和“平均主义”同时并存的根本原因是缺少科学的科研成果评价和激励机制。

2. 科技创新管理办法亟待创新

科技创新人才认为分享成果、收益分配和研发自主性三方面最影响工作积极性，由此可以得出：用管理普通企业员工的办法管理科技创新人才会遏制科技创新人才工作积极性。科技创新管理办法应进行如下创新：完善市场导向的科技开发人员参与研发成果分享机制，引导科技创新人才参与产品价值创造过程；细化成果评价标准；消除收益分配中的“官本位”和“平均主义”现象；对激励制度和措施进行评估，定期修订管理制度。制度实施后，要对制度的成效进行评价，明确制度的时效性、收益范围和对企业价值的贡献。

3. 对研发创新的支持不足

甘肃省大多数企业是中小型民营企业，规模较大的企业不多，创新资源、设备、能力都受到限制，企业对研发创新的支持不足。这主要体现在资金和设备上，研发过程需要耗费大量的资金和专用性设备且风险较大，甘肃省企业大多将资金投入产品生产线、营销等方面，不愿意过多地投入研发，担心资金回报问题。因此科技人员只能在有限的资源范围内进行创新，研发空间受到限制。另外，企业没有给科技创新人员一定的自主性，科技人员缺少自由发挥的空间，企业授予科技人员的权力太少，很多情况下，迫于企业的压力，科技人员并不能够按自己的思路研发，创新过程在很大程度上受到上级领导的影响，科技人员不能最大限度地发挥自身能力。研发创新的成败在很大程度上影响企业的利益，特别是在规模较小的民营企业中，少数管理者在研发过程中不断给科技人员施加压力，将研发失败的责任归于科技人员，更有甚者对研发失败采取一定的处罚措施。在强大的心理压力和思想负担下，科技人员不愿意参与到企业研发创新活动中。

4. 晋升渠道不畅

晋升是科技创新人员对权力的需要，这里的权力主要是指管理中的控制权，比如科技项目的管理权等。一旦拥有这种权力，科技人员不仅能有一定范围的经费使用权、资源使用权、人员使用权，而且还有一定程度的优越感和自我满足感。每一个科技人员希望能有职位的晋升，然而甘肃省许多企业的晋升渠道不畅，存在许多问题。比如，科技人员的创新成果在很多情况下并不归自己享有，而是被上级领导剥夺，成为领导晋升的一项成绩；企业对科技人员的晋升并不完全考虑他们的创新成果，在很多情况下，人际关系成为晋升的关键。许多创新能力强的科技人员与上级之间关系不够密切，最终提拔的速度还不如那些成果不多、人际关系好的人员。晋升渠道不畅严重打击了科技创新人员的工作积极性，许多科技人员不再致力于科研项目的研究，为了晋升更多地把精力花费在走关系上。企业一旦形成这种风气，科研就更加腐败，整个企业的创新能力将大大下降。

5. 缺少良好的环境激励

创造一个良好、宽松的工作环境，有利于科技人员感受到社会和周围员工对知识和人才的尊重，激发工作的积极性。然而甘肃省大多数企业科技创新人员的工作环境并不理想。首先是制度环境。甘肃省企业内部缺乏良好的政策制度环境，科技人员并没有在一个真正公平合理的环境中进行创新，他们对于资源的提供、创新成果的分配不均等问题存有抱怨，大大降低了工作的效率。其次是沟通和信息分享。甘肃省许多企业的科技人员在上下级之间、同级之间都存在沟通障碍，相互之间的科研信息也不互相交流和分享，科技人员大多有一种不被信任和不被尊重的感觉，极大地打击了他们工作的积极性，影响了其他激励机制的有效发挥。最后就是客观环境激励。企业的客观环境包括科技人员可使用的设备、科研场所的公共卫生等，这些都对激发科技人员的创新活动产生了潜移默化的影响。在优越的工作环境和先进设备下工作的科技人员更有创新的动力。然而，甘肃省不少企业受自身发展条件所限，再加上对工作的客观条件不重视，使得现有的科研条件相对东部地区来说差距较大，科技人员缺少一个安静、轻松、愉悦的工作环境，创新的灵感和动力也受到很大的负面影响。

6. 企业制度存在问题

这里的企业制度主要包括企业的组织制度和管理制度。从组织制度来看，科技创新是要通过一定的组织制度来实现的，企业的组织结构也影响着科技人员创新的效率和成败。一项技术创新往往涉及多个职能部门，这就要求部门之间相互协调。但是甘肃省企业内部各职能部门权责分配不清，各部门之间协调能力不强，信息的沟通交流存在一定障碍，造成科技创新活动的延期，从而贻误了企业的商机。另外，职权的相对集中，也不利于科技人员的创新活动。创新活动是集体的活动，要求科技人员有团队合作的精神，但大部分企业的科技人员更加注重个人的发展，而不是整个团队，有用的信息得不到分享，员工之间的人际关系也比较紧张，在这种只有竞争缺乏协作的情况下，科技人员工作的积极性也在一定程度上受挫。从管理制度上来看，科技创新活动的开展必须有良好的管理制度作为保障，然而甘肃省的大多数企业实施的管理制度效率不高。比如从薪酬设计上来讲，问卷调查显示的情况就是科技创新人员对薪酬的满意度很低。对科技人员薪酬设计往往与科技人员的绩效相联系，然而技术创新是个长期的过程，绩效考核也是个长期的过程，甘肃省企业对科技人员的绩效水平缺乏阶段性的考核，也缺乏对团队绩效的考核，个人绩效与团队绩效两者不能兼顾，导致科技人员最终对薪酬设计不满意。另外，真正参与管理的科技人员不多，企业对科技创新制度的确立在一定程度上并不能够得到科技人员的支持和赞同，甘肃省企业在确立一项新制度之前往往忽视了员工的反应，同时又不提供任何平台倾听员工的意见。

7. 企业科技创新成果的产权激励制度尚未建立

分享创新成果产权是科技人员创新动力的来源之一。目前甘肃省大多数企业尚未建立完善的科技创新成果产权激励制度，产权激励制度不明确，科技创新人员不能分享到创新的成果，也就看不到创新给自身带来的好处；不用承担风险，在创新中也就缺少压力。在这种情况下，科技人员往往缺乏自主创新的动力。同时，为了完成目标，极有可能不负责任地、不计任何后果地开展创新活动。所以研发创新与科技人员切身利益的分离很大程度上打击了科技人员工作的积极性。

创新成果的产权激励需要明确界定创新成果的产权归属，创新成果的评价标准，创新成果转化为现实生产力，用于价值创造后的利益分配机制，创新成果的买卖、处置及收益分配等权限分配，需要具有法律效力的规章制度保证这些权利的正确行使。目前多数企业创新成果产权归企业所有，创新人才无法分享创新成果的后续收益，工作积极性受到很大影响。

8. 缺少创新文化激励

企业文化是一个企业的象征，当企业文化真正融入员工的价值观中时，才会给员工带来动力。企业文化能以一种特殊的方式沟通科技创新人员的思想和情感，能增强凝聚力。但甘肃省大多数企业在激发科技创新人员的创新能力时，常常忘了文化在激励中所起的作用。在它们的文化中，并没有突出科技创新的重要性，自主创新的思维意识还没有在员工和管理者之间形成。企业平时开展的活动也跟创新没有丝毫联系。企业的科技人员在这种文化的领导下，往往比较保守，创新活动选择风险较小的做，哪怕其他风险较大但能给企业带来更大的效益；人员之间因为共用资源而产生冲突，等等，诸如此类的问题接连产生，导致整个企业内部缺少健康和谐、自主创新、富于团队精神的文化氛围，员工缺乏创新的动力和敢冒风险的精神。对企业而言，势必带来以下后果：第一，自主创新速度缓慢，成效不高；第二，优秀的科技创新人才大量外流，企业留不住创新人才。

（二）政府层面

在整个地区的发展过程中，政府起的作用是无可替代的。政府为企业的发展创造了最基本的环境和条件，也为企业的研发创新活动提供了发展的空间、机遇和动力。甘肃省企业目前科技创新水平相对较低，科技创新人员的工作积极性不太高，整个地区相对落后。除了上述企业出现的问题之外，政府在管理上也存在一些问题，具体包括以下几个方面。

1. 科研项目管理办法存在漏洞

在2008年最新颁布的《甘肃省科技计划项目管理暂行办法》中，对甘肃省科研项目的管理办法做出了明确规定，但仍然存在一些问题：首先，在该暂行办法中主要分为项目立项、项目实施和项目验收三大块内容，缺少项目监督的细节，包括对项目各阶段和参与项目立项、实施及验收的政府官员的监督。事实上，项目监督是一项重要环节，也是及时发现问题、避免资源浪费、追求项目公正性的重要途径。其次，该暂行办法中提到，提供的验收文件资料、数据不真实、不完备时立项部门不给予验收或结题。事实上，这些项目的详细资料，政府部门并没有采取一定的措施来验证它们的真实性、可靠性，因此，这项规定也就等于空谈。很多情况下，基本上都是科技人员提供什么资料，政府就依照这些资料进行评审，没有专门的部门或政府人员或代理机构对资料来源进行考证。另外，很多科技成果最终也难以转化为生产力，这也为资料的真实性造成一定隐患，其中不排除科技创新人员为了职称等目的，利用虚假信息获取项目验收的行为。这些现象的存在一方面严重打击了优秀的科技创新人才工作的积极性，另一方面又严重浪费了资源，影响了甘肃省科技创新水平的提高。

2. 科研项目评价机制相对落后

完整的科研项目评价应该包括项目立项评价、项目实施评价、项目结项评价（包括项目成果评价）、项目评奖评价等多环节工作。科研项目的评价是指有关机构或部门根据国家政策和法律法规，本着公平、公正的原则，对科技项目进行分析和判断的过程。它是科技创新管理体系中的重要环节，对促进科技人员的创新活动产生了深远的影响。然而，甘肃省在对科研项目的评价过程中还存在着许许多多的问题。

首先，科研项目评价过程缺乏中介机构。由于甘肃省对科研项目的评价起步较晚，发展缓慢，目前对科研项目的评价主要由各主管部门进行，没有专门的非政府中介机构参与，对于评价的过程也缺乏必要的监督。很多科技人员将项目评价的政府官员当成走后门的对象，导致整个科研界的不正之风，极大地打击了科研人员中优秀人才工作的积极性。

其次，科研项目的评价标准单一。甘肃省企业较杂，国有、民营、个体、股份等多种经济成分共存，对于不同成分的企业，其经营性质、业务范围、生产方式、产品用途等方面都存在着差异，因此对各种类型的科研项目的评价方式应当有所差别。但目前，甘肃省对各类型的企业采取的评价方式几乎是相同的，没有进行明确的划分，这必然导致在科研项目的评价过程中出现偏差。每个科研项目从不同的角度看会有不同的评价结果，统一的评价机制导致优秀的科研项目得不到最好的资源支持，而略次一些项目有时反而得到好评。科研成果得不到认可在一定程度上打击了科研人员创新的积极性。另外，科研项目是分阶段进行的，各阶段评价方式不一样。而甘肃省评价机构比较注重事前申报和事后结项的评定，缺乏必要的事中评价过程。

再次，公平公正的原则受到挑战。目前，科研项目成果的鉴定与很多事情挂钩，比如职称的评定、职位晋升等。在很多情况下，成果鉴定就是一个形式。不少人都在这个形式上做文章，使得整个科研项目的评价体系缺少公平公正的原则，科技创新人员与科研成果之间产生不公平竞争，甚至出现进行科研项目的人员与最终享有成果的人员之间不一致的情况。这种不公平不仅严重地打击了科技人员创新的积极性，而且造成了更为严重的社会后果，如学术腐败、政府官员腐败、资源浪费等，政府形象和经济效益都受到了损害。

最后，缺少对项目评价的工作人员的监督。项目评价的工作人员在整个评价过程中起着十分重要的作用，他们的专业素养和职业道德直接关系到项目评价的公正性。甘肃省对于从事项目评价的政府官员并没有建立起良好的监督机制，导致腐败现象的发生。

3. 缺少创新人才共享机制

虽然甘肃省拥有一定数量的科技创新人员，但企业之间的技术交流缺乏，大多数企业在申请科技项目时都是限于本企业，很少多个企业共同研发。甘肃省很多企业规模有限，难以完成比较庞大的项目，政府对企业之间的合作和创新人才的分享又不够重视，导致企业之间创新能力相差较大，很多创新人才的能力发挥有限。比如，甘肃省高校或专门的科研机构有许多从事科研技术的专业人员，但政府并没采取相应的措施使这些专业人员与企业的科技创新人才相联系，没有提供专门的平台和机会来促进科技人才之间的交流和合作。另外，许多高校和科研机构的项目成果最终由于很多原因没有应用到实际工作中，政府花费大量的资金为科研人员提供优越的条件，最终没有对提高企业乃至全省的创新能力和生产力起到实质性的效果。这些专门机构的科研成果并没有在甘肃省企业中得到分享。

4. 政府缺乏与外界的交流

甘肃省的政策基本上都是针对本省的企业，政府很少能提供本省科技人才与外界的交流。甘肃省本身由于地理位置、历史原因等因素导致科技的相对落后，政府又不能提供平台或机会让本省的科技创新人才多接触国内外先进的科学技术，可以说，甘肃省的科技创新处于相对闭塞的环境中，科技人员缺乏对外界先进科技的了解和接触，容易自我陶醉，缺少上进心，缺少创新的积极性。

5. 政府奖励形式单一，且缺乏公平性

历年来，甘肃省政府对科技创新人员的奖励大多以奖金为主，很少有其他形式的奖励，并且政府大多都是针对个人进行嘉奖，缺少对整个创新团体的奖励。重视个人、忽略团体的奖励，在一定程度上加剧了企业内部利益之争，不利于内部团结。另外，对于各项奖励的最后公示，政府公布的结果只是个人姓名，关于获奖者所在单位、研究的什么项目、取得哪些杰出成果等具体内容并没有进行公示。许多关注科研奖励的科技人员并不一定相互认识，所以对仅有姓名的公示名单并不一定信服，其中不排除利用人际关系争取奖项以此获得职称评定的现象发生，甚至出现在同一企业内两个科技人员参与选评，成果少的反而评上了。总之，甘肃省目前采取的这种简单的公示办法存在很大漏洞，很容易使科技创新人才对政府奖励的公平公正性产生怀疑。

6. 科技创新的优惠政策及服务环境较差

甘肃省自主创新的科研机构和企业相对来说比较分散，除了安宁高新技术园区与高校位置比较集中外，没有其他相对集中的科技园，政府对科技创新的管理也就难以形成规模效益。另外，对高新技术区的优惠政策不配套，整个区内的服务环境较差。拿兰州跟珠海做比较，珠海市对科技园的用地、财税、投融资、引进人才、创业服务等方面都给予成套的优惠政策，而甘肃省的政策和服务条件相对单一和落后，难以形成体系。珠海市不仅对创新人才自身采取一系列优惠措施，甚至解决了创新人才子女的一些难题，可见政府的对科技创新的重视和政策的全面性。

7. 政府针对民营企业的科技创新支持不大

甘肃省除了为数不多的国有企业外，大多数都是中小型民营企业。从甘肃省颁布的《甘肃省发展民营科技企业条例》来看，除了给予一定的税收优惠和申报科技项目、科技奖励的一些权力外，并没有强调民营企业的创新活动，甚至在条例中没有出现对创新的任何支持政策。可见，政府本身就没有对民营企业的科技创新活动给予足够的重视，政府条例中也没有对科技创新活动在资金、人力等方面的支持，导致民营企业的创新都是自主进行，得不到政府的任何帮助。许多民营企业规模和能力有限，即便有创新的思维和想法，最终却不能实现创新活动。同样，民营企业的创新人才流失率较高。

五　甘肃省科技创新人才培养及管理政策建议

针对甘肃省科技创新现状和存在的问题，提出如下政策建议。

（一）企业政策

内部机制的好坏是决定科技人员创新能力是否被激发的关键。具体来说，包括以下几个方面。

1. 建立以专利申请与授权为基础的成果激励机制

企业科技创新成果的评价标准应主要以专利申请与开发为基础，减少以理论文章发表、项目成果国际领先、国内领先、省内领先等不利于企业价值创造的成果鉴定标准。企业科技创新成果的目的是服务于产品价值创造过程，企业项目不用发明专利评价，其项目研究也就缺少了存在的意义。

2. 加大技术发明的创新支持

企业对创新的支持首先表现在资金和物质方面。创新是一项探索活动，是基于现状的一种延伸。每一项创新活动都要消耗大量的人力物力。在研发初期，企业需要投入大量的设备，为研发人员的创新打下坚实的基础。在研发过程中还需要大量的经费用于材料的购买、研发阶段性成果的奖励等。2006年国家统计局公布了对企业专项创新活动的调研数据，该数据显示目前中国企业研发经费主要用于现有产品和技术的完善，仅1/3用于属于创新范畴的新产品开发和基础研究。由此可见，中国企业对创新资金的投入相当有限，缺乏资金就缺乏设备、材料等一切物质基础，资金是物质支持的保障。企业应加大对创新的资金投入，给科技人员以坚实的后盾，这样他们才有可能放开手脚进行创新。

在开展研发创新活动中，企业给予的不仅仅是资金和设备等物质支持，精神支持也是一个重要方面。企业应该密切关注研发活动的进程和研发人员心理上的变化，根据不同的心理变化给他们不同的帮助。影响研发人员工作的一个重要因素就是心理压力，他们在进行创新的过程中往往会考虑到每一项尝试给企业带来的影响以及失败带来的损失，考虑企业怎样看待他们的成功或失败。这个时候，企业最需要做的就是从精神上对研发人员的支持，让科研人员相信企业，安心研发，卸掉一部分精神压力，全身心投入创新中。我们知道，创新是一项高风险活动，失败的可能性是很大的。一旦科技人员创新失败，企业的前期投入就没有回报。所以企业在支持和鼓励创新的同时应该事先做好心理准备，如果创新失败，企业必须容忍而不是责怪科研人员。这样将有助于下一个创新活动的顺利进行。

另外，企业对研发创新的支持还表现在给予研发人员一定的自主性。企业应当给研发部一定的主权，由研发人员自主策划创新，不应进行太多的干涉。权利的下放可以使研发人员自主掌握企业资源，提高研发创新的主动性和积极性，让研发人员的创新能力达到最大限度的发挥。在给予权力的同时，企业必须明确研发人员的责任，避免研发人员在毫无约束的条件下工作，避免不计任何后果的研发创新。

3. 加强工作环境培育

企业应当为研发人员提供舒适、公平、和谐的工作环境，促进研发创新活动的进行。可以从以下几个方面来做。

首先，企业要提供一种公平公正的竞争环境。各项工作都存在竞争，良好的竞争环境不仅能促进员工的共同进步，而且有利于激励机制的运用。尤其在研发工作中，竞争尤为激烈，每一个研发人员都希望自己的创新能得到上级和周围同事的肯定和支持，都想通过研发创新来实现自身价值，都想得到晋升的机会。培养公正公平的竞争环境能激发研发人员创新的动力，能使他们专心研发，不用考虑自身的职位高低等个人因素导致的不公平竞争。例如，海尔公司的人才观就是人人是人才，只要你优秀，就能得到晋升的机会，极大地提高了研发的积极主动性。

其次是愉悦的工作环境。研发工作是弹性比较大的工作，研发创新型的员工主要从事思维方面的工作，一般来说，他们比较喜欢自主性和挑战性的工作，这就更要求营造一种轻松、愉悦的工作环境。在这种环境中，研发人员能保持轻松愉悦的心情，有助于创作灵感的发挥和工作效率的提高；研发人员相互尊敬，相互激发灵感；在这种环境中会有强烈的归属感，这在一定程度上能保持研发人员的忠诚度。因此，企业应该注重工作环境的培养，多开展一些工作以外的活动，调节枯燥的研发工作，注重研发部门各方面配置的选择，尽可能少地给他们施加压力。

最后，企业应该给研发人员一个比较大的发展空间。每一个研发人员都有自己的理想和对未来的憧憬。企业在让他们完成最基本的工作的前提下，还应该在不同的时候满足员工不同的愿望，给他们发展的空间。当然，这种满足也是在企业条件允许的范围之内。企业可以及时地给研发人员提供培训和继续深造的机会；当研发遇到难题时，可以请这方面的专家莅临指导，给予研发人员与专家交流的机会；提供通畅的晋升渠道，定期提拔贡献卓越的研究者；等等，以此来提高研发人员工作的积极性。

4. 设计灵活、合理的管理制度

从组织制度来看，科技创新活动涉及许多部门，企业应该明确各部门的权责关系，增进各部门间的协作能力，提高科技创新的效率，以便抓住最好的时机创造经济效益。不同的创新活动对组织形式的要求也是不一样的，企业应当结合自身情况，选择最适合自己的组织形式。就管理制度而言，具体来说，首先对研发创新工作的设计来看，研发人员的工作比较自由化、个性化，呆板的工作制度和规则对他们来说没有多大的约束意义。因此企业在对他们进行工作设计时不应该明确规定工作范围和内容，应该尽可能地使工作多样化。企业还应该建立比较弹性的工作制度，加大时间和地点的多变性，给研发人员更多的自主权，充分实现自身价值。其次，在绩效评估方面。研发创新很难在短时间内出成果，研发人员对研发时间的控制能力较小，创新本身也会遇到许多不可预见的因素，因此对研发人员的绩效评估必须根据研发进展情况而定，而不能单一地根据成果大小、多少来定。再次，在一项创新取得成功后，应给予参与创新的研发人员充分肯定，严格控制领导侵占员工劳动成果的现象发生。企业应更注重团队成果和共同进步，而不是个人成果。

5. 成果分享

在研发创新过程中，企业虽然投入了大量的人力物力，但研发人员仍是创新成功与否的关键。将一部分研发成果分享给参与研发的工作人员，让研发人员自身感受到创新带来的经济利益，能极大地提高研发人员创新的积极性。

企业应该先制定相关制度和政策，明确规定研发人员分享成果的范围、期限和多少，并且让研发人员了解这一点。当研发创新成果出来后，企业应及时将成果分享给相关人员。成果分享的方式有很多种，包括收益分享、技术入股等。企业根据自身情况选择合适的方式即可。企业在进行成果分享时应该注意以下问题：首先，事先定好的制度、政策应与最后的成果分享相对应。制度、政策既然先制定出来了，就要没有偏差地实施，不能先说好分多少，到最后落实不下来。这将严重打击研发人员工作的积极性，给人一种不守信用的感觉。因此，企业在制定制度、政策时应该谨慎行事。其次，收益分配在团队中应有一定的平均主义，避免团队成员收入差距过大。在参与研发的人员数目较多的情况下，怎么分配成果收益？在分配的过程中要尽可能平均。在每一个研发项目中，参与研发的人员都做出了贡献，在收益分配时应平均分配，对于个别贡献比较大的研发人员，允许在一定程度上增加收益，但这个程度一般偏差不应太大，否则将打击其他研发人员工作的积极性。最后，避免领导挂名分享成果的现象发生。在研发界里，领导挂名分享成果的现象很普遍。很多领导实际上并没有参与研发创新的过程，但是却挂着项目负责人等头衔，与研发人员一起享受成果，有的甚至比参与研发的人员分享到更多的收益。企业应采取一定的措施杜绝这种现象的发生，每一项研发创新不设定专门的领导，而是在参与研发的队伍中选定带头人，其他人员可以对带头人进行监督，一旦发现带头人不好好参与研发，直接撤销其参与权利。

6. 培养创新的企业文化

每个企业都有自己的经营理念和文化，企业应当培养良好的企业文化来带动研发人员的积极性。首先要做的就是形成鼓励创新、重视团队协作精神、上下级相互沟通的文化。在文化中要体现对人才的渴望和重视，形成尊重科技人员的良好风气。鼓励创新可以提高所有员工的创新意识，激发他们的创新潜力。很多时候，创新都是在不经意间产生的，鼓励创新能增大创新的概率；团队精神在任何时候任何工作中都是不可缺少的，研发工作更是多人共同努力的结晶。参与一项创新活动的科研工作者越多，可以说拥有的智慧就越多，当面临不可预测的难题时，共同思考往往可以想出更多更好的解决办法。而且，每个科研人员擅长的方面不一样，组成一个团队可以激发更多的创造力，团队协作搞研发也能避免走一些弯路。将每一位科研人员置于一个团队中，不仅能提高凝聚力，而且团队中的合作与竞争更能激发他们的工作积极性；上下级之间的沟通便于上级及时了解研发创新进程及困难，如资金、设备的缺乏等。他们通过信息交流与相互沟通，对上级而言，及时了解研发情况，不仅能监督研发人员，也为日后的决策提供了一定的信息帮助。对下级而言，研发人员可以及时解决资金等困难，形成比较强大的后备力量，便于他们专心研发，而不是有了困难不敢说，耽误研发进程。尊重科技人员是从精神上给他们的支持，重视创新就必须尊重科技创新人员。每一项创新都是人努力的结果，不管研发创新是否成功，对参与创新的员工表示尊重能使他们感到自己的价值所在，才能激发他们一次次创新的积极性。

就国内而言，海尔集团是研发创新比较成功的企业之一，它能取得今天的成就与其文化是分不开的。海尔文化的核心就是被全体认同的企业领导人的创新价值观。海尔文化以观念创新为先导、以战略创新为方向、以组织创新为保障、以技术创新为手段、以市场创新为目标，伴随着海尔从无到有、从小到大、从大到强、从中国走向世界，海尔文化本身也在不断创新、发展。员工的普遍认同、主动参与是海尔文化的最大特色。在这种文化的引导下，海尔集团在研发创新方面取得了成功，累计申报专利7883项，其中发明专利1736项；承担国家863计划13项；开发了中国第一个自主产权的数字电视解码芯片；等等。海尔在研发创新方面的成就在国内的企业中是无人能及的，这与重视创新的企业文化息息相关。由此可见，企业文化对激发科技人员创新起着非常重要的作用。

7. 制订科技创新人才战略计划

培训是科技创新人才最不满意的三个因素之一。企业应首先制订战略规划，其次根据战略规划制订创新人才培养计划，培养形式可结合内部培养和进修培养多种形式进行。在笔者对企业的访谈中，部分科技创新人才渴望得到培训，但企业的培训机会少，他们的愿望很难得到满足。

（二）政府政策

企业是在一定的社会环境中产生和发展起来的。社会环境的发展为企业的成长和创新提供了条件和基础，也对研发人员的创新工作给予了必要的支持。企业的外部环境主要有以下几个方面。

1. 进一步完善激励创新制度，改善创新政策环境

一个地区或企业研发创新离不开制度和政策的支持。国家早已颁布《专利法》、《知识产权法》等，也制定了相应的奖励政策。目前急需完善、细化科技成果评价和鉴定标准、科技创新人才研发成果分享方面的法律规定，用法律保障研发人员创新的积极性。

2. 构建全社会创新的社会文化环境

一个社会的文化底蕴直接决定了它的发展程度。美国之所以在研发创新中处于领先地位，根本原因在于构建了创新的社会文化。美国的文化和教育就是比较开放，每个人可以尽情发挥自己的想

象，鼓励不一样的思维方式。他们认识问题的层次和决策水平也不一样，他们既注重基础研究的积累，又注重科技成果的转化，所以一直站在研发创新的前沿。甘肃省应重视创新教育，树立创新意识，只有营造了比较好的文化环境，才会有更多的研究成果出现。要做到这一点，需要政府主导，改变目前高校、企业科技成果评价标准，改变中小学及大学的教育模式。

3. 建立民营企业科技创新担保机制

科技创新是一项高风险活动，并不是所有的企业都具备承担这种风险的能力。因此，甘肃省在社会上应当成立一些风险机构，帮助企业分担风险。这样，企业可以放开搞研发。企业的压力小了，自然给研发人员带来的压力就更小，间接地促进了研发人员的创新活动。另外，在社会上还可以成立一些研发中心和咨询机构，共同探讨，帮助研发人员解决工作上的一些难题。

4. 摸清甘肃省科技人力资源家底

虽然本书按照“资格”标准对甘肃省人力资源进行了估算，但由于缺少以职业统计为依据的科技人力资源数据以及民营企业科技人力资源统计数据，笔者无法按照“职业”标准对甘肃省科技人力资源进行详细统计估算，因而不能掌握目前甘肃省在职科技人力资源数量。同时，由于科技人力资源广布于各个行业，各统计数据归口管理，如技师和高级技师归口劳动部门，专业技术人员归口人事部门，数据难以按照科技人力资源统计要求进行归纳计算，因而建议科技厅启动甘肃省科技人力资源调查摸底工作，清晰地掌握甘肃省科技人力资源家底，为科学制定科技人力资源管理政策提供真实可靠的数据依据。

5. 建立以职业为基础的人力资源统计指标体系

目前的科技人力资源统计指标体系细化到行业，缺少职业统计数据，这使得甘肃省科技人力资源在职业统计工作上缺少基本的统计依据，不能确切了解科技工作岗位人员的余缺情况，也无法细化动态人力资源供需信息发布和人力资源横向评价比较工作，建立以职业统计为依据的人力资源统计指标体系是迫切需要开展的一项基础工作。美国等经济发达国家以职业为基础的统计工作相对比较完善，我国的科技人力资源统计工作到目前为止依然无法与国际接轨。

在资料收集过程中，笔者了解到民营企业统计数据收集是统计工作的难点，因而建议制定甘肃省科技人才统计法规或甘肃省人才统计法规，让民营企业数据统计成为一项具有法律效力的工作，将民营企业人才数据统计工作纳入人力资源日常统计工作中。

6. 完善技术交易市场

技术市场对技术资源的有效配置起基础性的作用，甘肃省应不断地壮大和完善技术市场，利用省内外科技资源，促进企业与各大高校、科研机构之间的技术交流和交易，加速创新资源的流动和创新成果的转化。通过发展技术经纪机构和建立技术经纪服务网等途径为各科研主体提供信息平台，增加技术交易机会。与此同时，也要对技术交易市场统筹规划，以规范技术交易机构、增加交易方式的形式，对交易过程进行保护和监管，保证技术交易的顺利进行。

7. 建立项目立项评审、项目结项、项目评奖的社会公开机制

建立不涉及技术秘密的科技创新项目在立项、结项、评奖等方面的社会公开机制，将项目成果公布在网络上，接受社会各界的监督，引导技术交易市场加强应用技术交易。

8. 加强小学、中学及大学生科技创新竞赛活动

创新应从学生开始。中小学教育应加强科技创新意识的培养，设立科技小发明竞赛等活动，鼓励学生动手参与创造发明，获奖者在升学考试中也应获得加分。

第七章

甘肃省人力资本研究

一 人力资本概述

人力资本的概念是由美国经济学家舒尔茨于 1960 年提出并定义的。[①] 他指出，资本的含义包括物质资本和人力资本，而人力资本是存在于人体之中的具有经济价值的知识、技能和体力（健康状况）等质量因素之和。人力资本的概念也在后续的发展中不断完善。贝克尔于 1964 年指出人力资本是对人力投资形成的资本。[②] 1974 年舒尔茨再次确定了人力资本的概念，他指出人类所具有的含经济价值的五种能力（学习、创造、进行文娱活动、完成有效工作及应对不均衡的能力）也属于人力资本的基本内容。[③]

人力资本的概念不同于人力资源的概念，人力资源是由彼得·德鲁克于 1946 年提出的。与其他任何资源相似，人类是具有某种生理特征和能力的资源。[④] 在目前研究状态下有广义和狭义之分，广

---

① Schultz Theodore W.，"Education and Economic Growth"，in *Social Forces Influencing American Education*，N. B. Henry Chicago：University of Chicago Press，1961，pp. 23–54.

② Becker G. S.，*Human Capital and the Personal Distribution of Income*：*An Analytical Approach*，Institute of Public Administration，1967，pp. 321–334.

③ Schultz T. W.，"The Value of the Ability to Deal with Disequilibria"，*Journal of Economic Literature*，Vol. 13，No. 2，1975，pp. 828–830.

④ ［美］彼得·F. 德鲁克：《管理实践》，帅朋等译，工人出版社 1989 年版，第 3—17 页。

义的人力资源是指一定组织范围内人口总量中所蕴含的劳动能力的总和，而人力资本是指依附人体的劳动能力及智力所具有的价值总和。人力资源和人力资本之间的区别，在于人们多从管理角度审视人力资源，对人力资本则从财务角度出发，试图尽可能优化人力资源配置，达到人力资本的最大化。为了提升劳动者的素质以及多方面的能力，并最终能使这种提升反映在劳动产出提高方面，人们通常进行一定的资本投入，即人力资本投资。

舒尔茨将人力资本投资的内容概括为五个方面：第一，医疗和保健。舒尔茨认为，它包括影响一个人的寿命、力量强度、耐久力、精力和生命力的所有费用。保健活动既有数量要求也有质量要求，其结果必然是提高人力资源的质量。第二，在职人员训练，它包括企业的旧式学徒制。在职人员训练的支出是相当可观的，我们必须解决由谁来支付这笔费用。加里·S. 贝克尔（G. S. Backer）曾提出这样一个观点：在竞争的市场上，受雇者自己支付全部训练费用，最初使其净收入减少，随后则会使之大幅增长。第三，学校教育，指正式建立起来的初等、中等和高等教育。第四，企业以外的组织为成年人举办的学习项目，包括那种多见之于农业的技术推广项目。第五，个人和家庭适应于变换就业机会的迁徙。

二　人力资本存量计算方法文献综述

我国是世界第一人口大国，人力资本在经济增长中的贡献有目共睹①②③，且现有的研究表明，人力资本存量的测定能够使我们进

---

① ［美］贝克尔：《西方教育经济学流派》，曾满超等译，北京师范大学出版社1990年版，第34—87页。

② Lucas Jr. R. E.，"On the Mechanics of Economic Development"，*Journal of Monetary Economics*，Vol. 22，1988，pp. 3-42.

③ Romer Paul M.，"Endogenous Technological Change"，*Journal of Political Economy*，Vol. 98，No. 5，1990，pp. 2-22.

一步地估算人力资本对经济的贡献率[1][2][3][4][5]，但缺乏统一的一套可测定人力资本存量的体系。在现有的研究中，人力资本存量的测定多数学者采用以下三种方法，除此之外，其他方法还有劳动数量法、预期寿命法、人均床位法、人力资本异质性分解法、基于人力资本的货币价值测量未来收益法等。

（一）基于受教育年限的测定方法

基于受教育年限计算人力资本存量的方法是目前国内外运用最多的方法。受教育年限是用来衡量人口知识水平的常用指标，它是通过对人口的不同学历水平进行加权运算转换而来的，所以并不完全等同于人们接受学校教育的实际年限。鲁卡斯（Lucas）提出人力资本形成的主要来源有两个：教育和干中学。[6] 学校教育是积累人力资本的主要方式之一[7]，但是通过“干中学”和“在职培训”，加之本身的天赋和外部环境不同的人可能会产生差异巨大的人力资本存量。在估算不同人力资本存量时巴罗和李（Barro & Lee）提出了一种被大多数研究者认同的教育年限法。[8] 基于教育年限法测定人力资本存量的特点是受教育年限的长短反映了人们的人力资本水

① Barro R. J.，“Economic Growth in a Gross Section of Countries”，*Quarterly Journal of Economics*，Vol. 106，1991，pp. 407-439.

② Mankiw G. N.，Romer D. and Weil D. N.，“A Contribution to the Empirics of Economic Growth”，*Quarterly Journal of Economics*，No. 107，1992，pp. 407-437.

③ 蔡增正：《教育对经济增长贡献的计量分析——科教兴国战略的实证依据》，《经济研究》1999 年第 2 期，第 39—48 页。

④ 胡鞍钢：《大国兴衰与人力资本变迁》，《教育研究》2003 年第 4 期，第 11—16 页。

⑤ 周晓、朱农：《论人力资本对中国农村经济增长的作用》，《中国人口科学》2003 年第 2 期，第 17—24 页。

⑥ Lucas Jr. R. E.，“On the Mechanics of Economic Development”，*Journal of Monetary Economics*，Vol. 22，No. 1，1988，pp. 3-42.

⑦ 刘方龙、吴能全：《“就业难”背景下的企业人力资本影响机制——基于人力资本红利的多案例研究》，《管理世界》2013 年第 12 期，第 145—159 页。

⑧ Barro R. J. and Lee J. W.，“International Comparisons of Educational Attainment”，*Journal of Monetary Economics*，Vol. 32，No. 3，1993，pp. 363-394.

平的高低[1]。众多学者在测定人力资本存量时认同并主要选择了教育指标，有学者从总体教育年限或学历高低计算[2]，将受教育年限分为中、低和高等各个级别为权重计算人力资本存量，其中多数学者利用平均教育年限[3][4][5][6][7][8][9][10][11][12]、总体受教育水平来代替受教育程度[13]，也有利用平均受教育年限与劳动力数量的乘积表示人力资本存量[14]，用平均受教育年限计算人力资本存量的缺点是难以分辨不同教育结构和效率；有学者从基础教育和高等教育两阶段构建人力资本积累模型，并考察公共教育政策对经济增长和人力资本溢价

① 朱平芳、徐大丰：《中国城市人力资本的估算》，《经济研究》2007 年第 9 期，第 84—95 页。

② 钱晓烨、迟巍、黎波：《人力资本对我国区域创新及经济增长的影响——基于空间计量的实证研究》，《数量经济技术经济研究》2010 年第 4 期，第 107—121 页。

③ Barro R. J. and Lee J. W., "International Comparisons of Educational Attainment", *Journal of Monetary Economics*, Vol. 32, No. 3, 1993, pp. 363-394.

④ O'Neill D., "Education and Income Growth: Implications for Cross-country Inequality", *Journal of Political Economy*, Vol. 103, No. 12, 1995, pp. 1289-1301.

⑤ Temple J., "A Positive Effect of Human Capital on Growth", *Economics Letters*, Vol. 65, No. 1, 1999, pp. 131-134.

⑥ 蔡昉、王德文：《中国经济增长可持续性与劳动贡献》，《经济研究》1999 年第 10 期，第 62—68 页。

⑦ 王金营：《人力资本与经济增长：理论与实证》，中国财政经济出版社 2001 年版，第 123—145 页。

⑧ 胡鞍钢：《从人口大国到人力资本大国：1980—2000 年》，《中国人口科学》2002 年第 5 期，第 1—10 页。

⑨ 刘海英、赵英才、张纯洪：《人力资本"均化"与中国经济增长质量关系研究》，《管理世界》2004 年第 14 期，第 15—21 页。

⑩ 周德禄：《基于人口指标的群体人力资本核算理论与实证》，《中国人口科学》2005 年第 3 期，第 56—62 页。

⑪ 姚先国、张海峰：《教育、人力资本与地区经济差异》，《经济研究》2008 年第 5 期，第 47—57 页。

⑫ 史修松、赵曙东：《中国经济增长的地区差异及其收敛机制（1978—2009 年）》，《数量经济技术经济研究》2011 年第 1 期，第 51—62 页。

⑬ 王小鲁：《中国经济增长的可持续性与制度变革》，《经济研究》2000 年第 10 期，第 3—15 页。

⑭ 岳书敬、刘朝明：《人力资本与区域全要素生产率分析》，《经济研究》2006 年第 4 期，第 90—96 页。

的影响①；有学者利用教育基尼系数测算人力资本存量，进而研究人力资本对经济增长或居民收入的影响②③④；还有学者利用受教育程度二级指标来测量人力资本存量，如用学校入学率指标代表人力资本⑤⑥，但学校入学率与社会劳动力人力资本存量水平存在较长的滞后期，并不能反映即时的水平。用成人识字率指标代表人力资本⑦⑧⑨⑩，但随着经济及教育的发展，单纯的成人识字率并不能反映整体的人力资本水平状况，无法客观地描述人力资本存量水平。综上所述，在前人的研究中，所用到的指标较频繁的有：平均受教育年限、教育人口比重、劳动人口教育获得水平、成人识字率（或非文盲率，一般指 15 岁及以上人口中识字人数所占比例）、学校入学率（包括初中升高中入学率、高中升大学入学率）等。

（二）基于收入的测定方法

基于收入测定人力资本存量的方法，有的学者也称为基于产出角度的测定方法，此方法目前也未达成一致。且这种方法的特点是

① 郭庆旺、贾俊雪：《公共教育政策、经济增长与人力资本溢价》，《经济研究》2009 年第 9 期，第 22—35 页。

② Castello A. and R. Domenech, "Human Capital Inequality and Economic Growth: Some New Evidence", *The Economic Journal*, Vol. 112, No. 2, 2002, pp. 187-200.

③ 焦斌龙、焦志明：《中国人力资本存量估算：1978—2007》，《经济学家》2010 年第 8 期，第 27—33 页。

④ 焦斌龙：《人力资本对居民收入差距影响的存量效应》，《中国人口科学》2011 年第 5 期，第 16—25 页。

⑤ Barro R. J., "Economic Growth in a Gross Section of Countries", *Quarterly Journal of Economics*, Vol. 106, 1991, pp. 23-65.

⑥ Mankiw G. N., Romer, D. and Weil D. N., "A Contribution to the Empirics of Economic Growth", *Quarterly Journal of Economics*, No. 107, 1992, pp. 34-76.

⑦ Azariadis C., Drazen A., "Threshold Externalities in Economic Development", *The Quarterly Journal of Economics*, No. 105, 1990, pp. 501-526.

⑧ Change E. T., "Endogenous Technological Change", *Journal of Political Economy*, Vol. 98, No. 5, 1990, pp. 2-22.

⑨ Barro R. J., "Economic Growth in a Gross Section of Countries", *Quarterly Journal of Economics*, 1991, pp. 34-87.

⑩ 蔡昉：《中国地区经济增长的趋同与差异——对西部开发战略的启示》，《经济研究》2000 年第 10 期，第 30—37 页。

利用不同人力资本水平劳动者的平均收入差异来反映整个人力资本水平的差异。人力资本价值总量等于未来预期收益之和①。郑黎和约翰·吉普森等（Trinh Le & John Gibson, et al.）对成本法和收入法进行了对比评述，认为成本法和收入法都存在一定缺陷，成本法可能低估，而收入法可能高估。② 但收入法的优点在于并不需要考虑人力资本折旧率，在中国，收入法更为合理。最早使用收入法的是配第（Petty），他用收入法估算了英国的人力资本存量。③ 随后有费尔（Fair）、维茨坦（Wittstein）、费雪（Fisher）、威肯斯（Wickens）、达布林和洛特卡（Dublin & Lotka）、韦斯布罗德（Weisbrod）、格林汉姆和韦布（Graham & Webb）等利用收入法分别估算了英国、德国、法国和澳大利亚等国家的人力资本存量水平④⑤⑥⑦⑧⑨⑩。乔根森和弗劳梅尼（Jorgenson & Fraumeni）将人力资本的货币值视作未来收入流的资本化与个人生活消费的净差值，并根据生命表进行死亡率调整，提出终身收入法，即为后人广泛使用的

---

① 乔红芳、沈利生：《中国人力资本存量的再估算：1978—2011年》，《上海经济研究》2015年第7期，第36—45页。

② Trinh Le, John Gibson and Les Oxley, "Cost and Income-based Measures of Human Capital", *Journal of Economic Surveys*, Vol. 17, No. 3, 2003, pp. 271-307.

③ ［英］威廉·配第：《政治算术》，陈冬野译，商务印书馆1978年版，第101—145页。

④ Farr W., "Equitable Taxation of Property", *Journal of Royal Statistics*, Vol. 16, No. 1, 1853, pp. 1-45.

⑤ Wittstein T., *Mathematische Statistik und deren Anwendung auf National-Ökonomie und Versicherungs-Wissenschaft*, Hahn'sche Hofbuchhandlung, 1867, pp. 76-89.

⑥ Fisher I., "Are Savings Income", *American Economic Association Quarterly*, Vol. 32, No. 1, 1908, pp. 21-47.

⑦ Wickens C. H., "Human Capital, WAG Skinner", *Government Printer*, 1924, pp. 134-231.

⑧ Dublin L. I., Lotka A. J., "The Money Value of A Man", *The American Journal of Nursing*, Vol. 30, No. 9, 1930, pp. 1210-1222.

⑨ Weisbrod B. A., "The Valuation of Human Capital", *The Journal of Political Economy*, Vol. 69, 1961, pp. 425-436.

⑩ Graham J. W., Webb R. H., "Stocks and Depreciation of Human Capital: New Evidence from A Present Value Perspective", *Review of Income and Wealth*, Vol. 25, No. 2, 1979, pp. 209-224.

J-F法。[①②③] 穆利根（Mulligan）使用某地区劳动者总收入除以该地区未受教育的劳动者的平均工资代表人力资本的总投入[④]。丁（Jeong）得出总产出除以该国家或地区产业工人的平均工资即是人力资本总投入，并对45个国家进行了跨国分析[⑤]。目前国内学者中有王德劲和向蓉美从收入方面估算了我国五个人口普查年份以货币计量的人力资本存量[⑥]，且同年对收入法进行了修正和简化，估算了我国1952—2003年以货币计量的人力资本存量，并与物质资本、GDP进行了比较[⑦]；朱平芳和徐大丰从收入方面运用中国行政地级以上城市的统计资料[⑧]，估计了我国的人力资本，明确提出了单位人力资本的概念，且提出了一个关于人力资本估算的、可实现的框架；李海峥及李等（Li，et al.）通过J-F方法计算了我国的人力资本[⑨⑩]，且首次使用此方法计算我国人力资本；李海峥等通过改进国

---

① Jorgenson, Dale W. and Barbara M. F., "The Accumulation of Human and Non-Human Capital, 1948-1984", in R. Lipsey and H. Tice eds., *Chicago* : *The Measurement of Saving, Investment and Wealth*, University of Chicago Press, 1989, pp. 1203-1306.

② Jorgenson, Dale W. and Barbara M. F., "Investment in Education and US. Economic Growth", *Scandinavian Journal of Economics*, No. 54, 1992, pp. 51-70.

③ Jorgenson, Dale W. and Barbara M. Fraumeni, "The Output of the Education Sector", in Z Griliches, T. Breshnahan, M. Manser and E. Berndt eds., *Chicago*: *The Output of the Service Sector*, 1992, pp. 303-341.

④ Mulligan C. B., Sala-i-Martin X., "A Labor Income-Based Measure of the Value of Human Capital: An Application to the States of the United States", *Japan and the World Economy*, Vol. 9, No. 2, 1997, pp. 159-191.

⑤ Jeong B., "Measurement of Human Capital Input across Countries: A Method Based on the Laborer's Income", *Journal of Development Economics*, Vol. 67, No. 2, 2002, pp. 333-349.

⑥ 王德劲、向蓉美：《我国人力资本存量估算》，《统计与决策》2006年第10期，第100—102页。

⑦ 王德劲、刘金石、向蓉美：《中国人力资本存量估算：基于收入方法》，《统计与信息论坛》2006年第21期，第68—74页。

⑧ 朱平芳、徐大丰：《中国城市人力资本的估算》，《经济研究》2007年第9期，第84—95页。

⑨ 李海峥等：《中国人力资本测度与指数构建》，《经济研究》2010年第8期，第42—54页。

⑩ Li H., Liang Y., Fraumeni B. M., "Human Capital in China, 1985-2008", *Review of Income and Wealth*, Vol. 50, No. 2, 2013, pp. 212-234.

际通用的J-F收入法①，结合扩展的人力资本Mincer模型，构建了适合中国数据的省级人力资本估算方法。并运用该方法估算了我国上海、广东、河南、湖北、贵州和甘肃的人力资本水平；柏培文使用此方法计算了我国农业部门人力资本水平②。

（三）基于投资的测定方法

基于投资的角度测定人力资本存量的方法也被有些学者称为从投入或者成本角度测定人力资本存量的方法，也叫成本法。安琪尔（Engle）最早提出从成本角度计算人成为可创造价值劳动力过程中所需的总成本。其基本假定是人力资本在使用过程中所拥有的知识和技能会老化贬值，即人力资本存在折旧。此方法的特点是通过衡量培养劳动力的教育、医疗、培训或再学习等投入、支出来测定人力资本的水平。这种方法的优点在于相关教育投资的数据相对容易获取，缺点是计算时人力资本的折旧率比较难确定。目前国外的研究中有代表性的学者有肯德里克（Kendrick J. W.）等③④。国内研究中，学者们从不同角度计算了人力资本投资的成本。有的学者基于总投资从成本角度计算了中国的人力资本存量，即用成本加权法计算人力资本存量⑤⑥⑦⑧；有的学者使用国家的教育经费支出来度

① 李海峥、贾娜、张晓蓓等：《中国人力资本的区域分布及发展动态》，《经济研究》2013年第7期，第49—62页。

② 柏培文：《农业部门人力资本水平及其投资效率的研究》，《统计研究》2012年第29期，第66—71页。

③ Kendrick J. W., *The Formation and Stocks of Total Capital*, Columbia University Press, 1976.

④ Kendrick J. W., "Total Capital and Economic Growth", *Atlantic Economic Journal*, No. 22, 1994, pp. 1-18.

⑤ Baumo W., Heim P., Malkie B. and Quandt R., "Earnings Retention, New Capital and the Growth of the Firm", *Review of Economics and Statistics*, Vol. 52, No. 4, 1970, pp. 345-355.

⑥ Brealey R. A., Hodges S. D., Capron D., "The Return on Alternative Sources of Finance", *The Review of Economics and Statistics*, No. 58, 1976, pp. 469-477.

⑦ 张帆：《中国的物质资本和人力资本估算》，《经济研究》2000年第8期，第65—71页。

⑧ 钱雪亚、刘杰：《中国人力资本水平实证研究》，《统计研究》2004年第3期，第39—44页。

量一个劳动者所内含的人力资本数量[①]。基于人力资本折旧，也有学者提出计算人力资本存量时可用永续盘存法[②③④]，并进一步证实了永续盘存法对人力资本存量计算的合理性。

三　甘肃省人力资本存量测定

（一）人力资本存量指标解释

针对甘肃省的实际情况，并且结合舒尔茨的投资理论，笔者将影响甘肃省人力资本存量因素选取为：（1）教育投资；（2）健康投资；（3）收益投资；（4）技术投资；（5）人口迁移。

指标解释：

影响教育投资的因子有：①甘肃省从业人员的人均受教育年限。居民的综合素质水平在一定程度上体现了该国经济的发展程度，而综合素质水平主要是由该国居民的受教育程度来体现的，教育程度与人力资本存量呈正相关关系，即受从业人员受教育年限越多，人力资本存量就越大。②财政用于文教卫科支出占总财政支出百分比、财政用于教育事业支出占总财政支出百分比。对于财政用于教育的投资可以分为宏观教育投资和微观教育投资，如财政部门的支出用于学校构建硬件设施或为教职工发放福利等款项，被称为宏观教育支出；像某些在职人员为了继续深造而放弃已有的工作，投入到不带薪水的学习生活中就属于财政用于教育的微观教育支出。无论宏观教育支出还是微观教育支出对人力资本存量都有着深远的影响，所以我们有必要对其进行研究。

---

① 李德煌、夏恩君：《人力资本对中国经济增长的影响——基于扩展 Solow 模型的研究》，《中国人口·资源与环境》2013 年第 23 期，第 100—106 页。

② 侯风云、范玉波、孙国梁：《中国人力资本存量估计》，《南大商学评论》2005 年第 6 期，第 27—54 页。

③ 钱雪亚、王秋实、刘辉：《中国人力资本水平再估算：1995—2005》，《统计研究》2008 年第 12 期，第 3—10 页。

④ 柏培文：《全国及省际人力资本水平存量估算》，《厦门大学学报（哲学社会科学版）》2012 年第 4 期，第 82—89 页。

影响健康投资的因子有：每万人口病床数（张）、每万人口医生数（人）。这两个指标在一定程度上可以反映一地区居民的健康程度。

影响收益投资的因子有：平均货币工资（元）。从这个指标可以直观看出一国或一地区的经济消费水平及居民收入投资程度。

影响技术投资的因子有：每万人口专业技术人才数（人）、从业人口占社会总人口百分比。从社会角度去看生产力是人们解决社会同自然矛盾的实际能力，是人类征服和改造自然使其适应社会需要的客观物质力量。而科学技术又是第一生产力，所以当今的技术人才的位置是举足轻重的。

（二）甘肃省人力资本存量的测定

对于甘肃省人力资本存量的测定，在数据处理时，为了保证时间的一致性，以及数据的准确性，本章对平均货币工资进行了以1978年为基年的可比价格换算。在测算甘肃省从业人员的人均受教育年限时，选用文盲受教育时间为1年、小学受教育时间为6年、初中为9年、高中为12年、大学本科为16年、研究生为19年、博士生为21年。而其他的数据均参照《中国统计年鉴》以及《甘肃发展年鉴》、《中国五十五年统计资料汇编》及《中国六十年统计资料汇编》。1991—2013年各人力资本评价指标如表7—1所示。

表7—1　**人力资本评价指标**

年份	从业人员人均受教育年限（年）	平均货币工资（元）	每万人口专业技术人才数（人）	每万人口病床数（张）	每万人口医生数（人）	财政用于文教卫科支出占财政总支出百分比（%）	财政用于教育事业支出占财政总支出百分比（%）	从业人口占社会总人口比（%）
1991	7.18	1260.50	139.69	22.40	14.80	21.61	14.33	57.00
1992	7.25	1329.55	143.92	22.60	15.10	24.38	15.52	56.43

续表

年份	从业人员人均受教育年限（年）	平均货币工资（元）	每万人口专业技术人才数（人）	每万人口病床数（张）	每万人口医生数（人）	财政用于文教卫科支出占财政总支出百分比（%）	财政用于教育事业支出占财政总支出百分比（%）	从业人口占社会总人口比（%）
1993	7.20	1479.02	146.87	23.40	15.20	23.50	15.18	60.45
1994	7.18	1930.99	149.41	23.40	16.00	27.61	17.99	60.50
1995	6.47	2046.11	148.57	23.10	15.90	26.26	18.03	60.84
1996	6.51	1968.15	118.39	22.80	15.50	26.47	18.56	61.68
1997	6.54	2009.10	123.00	22.90	15.30	24.43	17.15	61.36
1998	6.60	2067.85	126.04	23.10	15.20	24.13	17.85	61.12
1999	6.64	2094.63	131.74	23.20	15.30	24.09	18.34	58.56
2000	6.73	2192.27	137.88	23.20	14.70	21.97	16.55	57.74
2001	6.90	2385.68	141.49	23.40	14.90	22.35	17.18	57.82
2002	7.05	2417.45	148.77	23.50	11.50	22.35	17.22	57.88
2003	7.22	2411.62	150.95	23.60	11.50	22.75	17.13	58.04
2004	7.39	2429.43	173.22	23.70	11.30	21.77	16.75	58.06
2005	7.55	2471.83	161.17	23.10	11.50	22.87	17.57	53.63
2006	7.69	2653.07	166.09	25.40	11.60	24.00	18.15	53.77
2007	7.82	3037.06	170.25	26.90	13.40	27.77	18.36	54.06
2008	7.94	3337.25	176.13	29.20	13.80	27.89	18.89	56.70
2009	8.04	3554.12	179.89	29.20	13.90	26.43	16.56	58.27
2010	8.10	3540.41	181.77	32.20	15.00	25.15	15.54	58.58
2011	8.27	3746.48	205.47	34.07	16.08	26.61	16.44	61.99
2012	8.77	3964.55	199.00	36.06	16.80	28.16	17.40	65.60
2013	9.01	4195.31	364.41	38.16	17.40	29.80	18.41	69.42

资料来源：《中国统计年鉴》、《甘肃发展年鉴》及《中国五十五年统计资料汇编》及《中国六十年统计资料汇编》。

笔者利用 SPSS 19.0 软件对测定甘肃省人力资本存量的各项指标进行因子分析检测，KMO 值为 0.618，Bartlett 球形检验的 X^2 为 193.273，在 1%的水平下显著，适合做因子分析。用因子分析对人力资本的贡献程度进行分析，结果如表 7—2。

表 7—2　　**各指标的累计贡献百分比**

解释的总方差									
成分	初始特征值			提取平方和载入			旋转平方和载入		
	合计	方差的百分比	累积的百分比	合计	方差的百分比	累积的百分比	合计	方差的百分比	累积的百分比
1	4.609	57.609	57.609	4.609	57.609	57.609	3.705	46.308	46.308
2	1.435	17.940	75.549	1.435	17.940	75.549	2.136	26.702	73.010
3	1.160	14.500	90.049	1.160	14.500	90.049	1.363	17.039	90.049
4	0.402	5.026	95.075						
5	0.235	2.944	98.019						
6	0.106	1.331	99.350						
7	0.043	0.542	99.892						
8	0.009	0.108	100.000						
提取方法：主成分分析法									

由表 7—2 中解释的总方差数据累积方差百分比可以看出，在八个成分中可以提取三个主成分（提取方法按特征值大于 1），主成分的贡献率分别为 $a_1 = 57.609$（%），$a_2 = 17.940$（%），$a_3 = 14.500$（%），其三个因子累计贡献率已经达到 90.049%，可以确定为人力资本存量主要因子，可以反映人力资本存量水平。

将上述主要成分的方差贡献率结合 SPSS 19.0 给出的各主成分的载荷矩阵（见表 7—3），并运用多元统计公式可以计算出前三个指标的因子负荷量。多元统计公式如下：

$$a_i = u_i / \sqrt{\lambda_i} (i = 1, 2, 3)$$

表 7—3　　**主成分载荷矩阵**

成分得分系数矩阵			
	因子		
	1	2	3
从业人员人均受教育年限	0.974	0.054	-0.040
平均货币工资	0.908	0.071	0.271
每万人口专业技术人才数	0.848	0.284	0.087
每万人口病床数	0.919	0.350	0.070
每万人口医生数	0.060	0.959	-0.005
财政用于文教卫科支出占财政总支出百分比	0.523	0.517	0.547
财政用于教育事业支出占财政总支出百分比	0.049	-0.004	0.985
从业人口占社会总人口比	0.296	0.859	0.075

由多元统计公式求得三个主成分因子负荷量如表 7—4。

表 7—4　　**主成分因子负荷量**

因子得分系数矩阵			
	因子		
	1	2	3
从业人员人均受教育年限	0.51	0.04	-0.03
平均货币工资	0.47	0.05	0.23
每万人口专业技术人才数	0.44	0.19	0.07
每万人口病床数	0.48	0.24	0.06
每万人口医生数	0.03	0.66	0.00
财政用于文教卫科支出占财政总支出百分比	0.27	0.35	0.47
财政用于教育事业支出占财政总支出百分比	0.03	0.00	0.84
从业人口占社会总人口比	0.15	0.59	0.06

由上述求出的因子负荷量可以得出各主成分的计算公式如下：

$F_1 = 0.392X_1 + 0.405X_2 + 0.407X_3 + 0.447X_4 + 0.234X_5 + 0.382X_6 + 0.130X_7 + 0.314X_8$

$F_2 = 0.366X_1 - 0.315X_2 - 0.413X_3 - 0.125X_4 + 0.669X_5 + 0.179X_6 + 0.016X_7 + 0.502X_8$

$F_3 = 0.214X_1 + 0.075X_2 - 0.111X_3 - 0.149X_4 - 0.157X_5 + 0.324X_6 + 0.878X_7 - 0.111X_8$

再结合各主成分的方差贡献率 α_i，可以计算出甘肃省 1991—2013 年人力资本存量（见表 7—5），公式如下：

$$h = \frac{a_1f_1 + a_2f_2 + a_3f_3}{a_1 + a_2 + a_3}$$

表 7—5　　甘肃省人力资本存量得分（h 值）

年份	1991	1992	1993	1994	1995	1996	1997	1998
人力资本存量	521.04	547.63	601.64	762.09	801.29	764.22	779.12	800.67
年份	1999	2000	2001	2002	2003	2004	2005	2006
人力资本存量	811.46	846.39	915.48	928.59	927.52	940.84	950.97	1017.24
年份	2007	2008	2009	2010	2011	2012	2013	
人力资本存量	1154.80	1263.17	1339.69	1336.31	1418.39	1494.79	1632.84	

四　人力资本与经济增长的关系

（一）人力资本与经济增长关系

在转变经济增长方式中人力资本质量的提高扮演着重要的“角色”，人力资本与经济增长的关系是相辅相成、相互促进的：一方面人力资本是经济增长的重要因子，合理地储备人力资本可以促进经济的健康、快速增长。对于资源稀缺的当今世界，人才的作用愈来愈重要，可以说人力资本已经成为现代经济增长的源泉。另一方面，经济的快速发展必然推动人力资本的大量储备。在人类财富不断增长和积累的过程中，无论从劳动力本身还是对所关联的资本存量都提出了更高的要求，只有创新人力资本才会带来更大的经济增长，所以在一定程度上经济的健康成长可以推动人力资本发展。

被称为“人力资本概念之父”的西奥多·舒尔茨在1979年提出了穷人经济学，在此学说中他强调人力资源在农业发展中的基础作用。他认为劳动者在其工作中所表现出的能力和技术水平可以大大提高农业生产率，从而促进经济增长。他指出土地的面积总是一定的，由于时间的不断延长，土地因素在农业发展中的作用正逐步下降，但是人力资本起到的作用却越来越重要。人力资本投资的收益率远高于其他投资，在舒尔茨的研究报告中可以发现：美国半个多世纪的经济增长中，物质资本投资增加4.5倍，收益增加了3.5倍；人力资本投资增加3.5倍，收益却增加了17.5倍。从1919年到1957年美国的生产总值增长额有49%是来自人力资本投资。

舒尔茨在1960年美国经济年会上进行《人力资本投资》演说，首次提出人力资本是当今社会促进国民经济增长的主要原因，认为“人口质量和知识投资在很大程度上决定了人类未来的前景”。关于二战后资本主义世界经济快速发展的原因他归结为：投入与产出之间增长速度之差，一部分是由于规模收益，另一部分是由于人力资本带来的技术进步，使得同等单位的人力资本与物质资本对财富的积累有很大偏差。

舒尔茨分别从教育投资、劳动者的健康程度、技能培训以及人口流动等方面对人力资本加以整合，并最终得出人力资本的储备量在一定程度上决定着经济的增幅。但人力资本储备量是与区域经济水平以及物质资本储备量有直接关系的，合理地进行人力资本储备是经济快速发展的重要手段。

（二）人力资本储备

甘肃省属于我国的欠发达省份，其人力资本存量与东、中部省份相比明显偏低，如何增大人力资本、合理地储备人力资本是甘肃当前最为重要的事，但是不是一味地增加人力资本就能获得经济的高速增长？事实是否定的，对于人力资本的储备是有个“度”的，如果超过这个“度”就会适得其反。

1. 正向人力资本储备

投入一定量的劳动要素，对于劳动生产率会加快增长，使得产出增长也呈现正方向发展。从消费者心理角度看，因为收入增长速度加快进而使得需求能力上升；从消费者结构看，结构性的改善，使得社会对劳动力的需求也逐步增加，进而社会就业机会将加大，在这一过程中，过剩的劳动力供给会得到充分吸收。长此以往，经济呈现良性循环，经济将向着健康、稳定的方向发展。

2. 反向人力资本储备

所谓“反向人力资本”储备，是简单、低级人力资本数量过多引起的不必要浪费，使得物质资本与人力资本不能够有机结合。众所周知，地球资源这块“大蛋糕”是有限的，而越来越多的人才是无限的，有头脑有智慧的人都想利用有限的资源做出巨大的贡献，这样一来必然使得全球资源大量缺失，从能源再生性角度来看，最终的结果会影响资源的正常循环。从环境角度来看，过多人才去开发这块“大蛋糕”可能会产生大量的资源垃圾。而且对于我们这样的农业大国，过多的人才集聚城市，带来的结果可能是在短时间内会增大就业、增加产出，但从整个经济循环上看，会使得经济偏重化越来越严重，最终导致经济发展进入缓慢期。

五　物质资本存量计算文献综述

物质资本存量计算在国内外研究中已有多年的历史，在目前的研究中，大量的学者使用永续盘存法来计算。永续盘存法（PIM）最初是由戈登史密斯（Goldsmith）于1951年提出的，此后被国内外学者所接受并广泛使用。永续盘存法（PIM）的基本公式为：

$$K_t = I_t + (1-a_t) * K_{t-1}$$

式中，K_t：第 t 年的资本存量；K_{t-1}：第 $t-1$ 年的资本存量；I_t：第 t 年的投资；a_t：第 t 年的折旧率。

在用永续盘存法测算中国资本存量时，需要对基本的公式进行调整，以适合我国国情及经济发展实际情况。张军和章元提出在测算中国的资本存量时，需要考虑四个关键的因素：基年资本存量的确定、固定资产投资价格指数 P_k 的确定、当年投资 I 的取舍、折旧额或折旧率的确定[①]。目前国内的学者在使用永续盘存法计算我国资本存量时均进行了以上四个关键变量的修正，不同学者修正方法以及采用数据并不相同。国内学者使用永续盘存法（PIM）计算我国物质资本存量时从以下四方面进行了研究。

（一）基年存量的测定

国内学者在计算我国物质资本存量时经常以 1952 年或 1978 年为基年进行计算，以 1952 年为基年的学者较多，而以 1978 年为基年的学者相对较少。同时各学者均以价格指数推算出当年不变价（或基年不变价）的物质资本存量，而对于文献中并不统一的是全社会固定资产投资和固定资本形成总额两个指标的选取[②]。有的学者计算时并未包含土地资本，而多数学者认为全社会固定资产投资指标因不包含土地改良等费用而低估了资本存量。在计算物质资本存量时我国学者均明确了不包含人力资本。贺菊煌通过计算公式 $K_t = K_{t-1} + S_t$（S_t 为第 t 年的资本积累）计算出 1952 年的资本存量为 964 亿元（1990 年价），由价格指数可得到 1978 年生产性资本为 8617.87 亿元（1978 年价）[③]；周（Chow）采用公式 $K_t = K_{t-1} + I_t$（I_t 为第 t 年净投资），利用 1952—1985 年的五部门资本存量估算数据，测算出 1952 年全社会固定资本存量为 1750 亿元（1952 年价）（不含土地资本），由价格指数可得到 1978 年资本存量为 14112 亿元（1978 年价）[④]；唐志宏以 1952 年为基年测算出我国 1953 年的资本

① 张军、章元：《对中国资本存量 K 的再估计》，《经济研究》2003 年第 7 期，第 35—43 页。

② 柯善咨、向娟：《1996—2009 年中国城市固定资本存量估算》，《统计研究》2012 年第 29 期，第 19—24 页。

③ 贺菊煌：《我国资产的估算》，《数量经济与技术经济研究》1992 年第 8 期，第 24—27 页。

④ Chow G. C.，"Capital Formation and Economic Growth in China"，*The Quarterly Journal of Economics*，Vol. 108，No. 3，1993，pp. 809-842.

存量为 1800 亿元（1980 年价）[①]；王小鲁和樊纲等采用公式 $K_t = K_{t-1} + P_k * (\Delta K_t - \delta)$（$P_k$ 为固定资产投资价格指数[②]；δ 为折旧；ΔK_t 为本年固定资本形成），估算出 1952 年资本存量为 1600 亿元（1952 年价）；张军、章元测算的 1978 年我国固定资本存量为 12485.58 亿元（1978 年价）[③]；张军和吴桂英等利用我国省际数据，估计了 30 个省市区 1952—2000 年各年末的物质资本存量[④]；郭庆旺、贾俊雪计算了我国 1978 年底全民所有制工业企业固定资产净值为 2225.7 亿元，推算出 1978 年我国固定资产净值为 3837 亿元（1978 年价）[⑤]；孙琳琳、任若恩计算出我国 1978 年资本存量为 5800 亿元（1978 年价）[⑥]；单豪杰通过重新构建 PIM 测算资本存量估算的四个关键指标，由价格指数得到 1978 年我国资本存量为 5847.89 亿元（1978 年价）[⑦]；黄梅波和吕朝凤的计算由价格指数可得到 1978 年资本存量为 7468.28 亿元（1978 年价）[⑧]；古明明、张勇计算出初始期 1978 年资本存量为 10131.13 亿元（1978 年价）[⑨]；孙琳琳等使用 OECD 的资本测算框架估算了我国行业资本存量和资本流量数据，计算出我国基础设施存量从 1980 年的 23%到 1990 年的 38%，再到 2005 年的 49%，并以此进行了国际对比：美国、日本和德国在 20 世纪 80 年代以后基础设施存量比例非常稳

---

① 唐志宏：《中国平均利润率的估算》，《经济研究》1999 年第 5 期，第 61—65 页。

② 王小鲁、樊纲等：《中国经济增长的可持续性——跨世纪的回顾与展望》，经济科学出版社 2000 年版，第 13—243 页。

③ 张军、章元：《对中国资本存量 K 的再估计》，《经济研究》2003 年第 7 期，第 35—43 页。

④ 张军、吴桂英、张吉鹏：《中国省际物质资本存量估算：1952—2000》，《经济研究》2004 年第 10 期，第 35—44 页。

⑤ 郭庆旺、贾俊雪：《中国潜在产出与产出缺口的估算》，《经济研究》2004 年第 5 期，第 31—39 页。

⑥ 孙琳琳、任若恩：《中国资本投入和 TFP 的估算》，《世界经济》2005 年第 15 期，第 3—13 页。

⑦ 单豪杰：《中国资本存量 K 的再估算：1952—2006 年》，《数量经济技术经济研究》2008 年第 10 期，第 17—31 页。

⑧ 黄梅波、吕朝凤：《中国潜在产出的估计与“自然率假说”的检验》，《数量经济技术经济研究》2010 年第 7 期，第 3—20 页。

⑨ 古明明、张勇：《中国资本存量的再估算和分解》，《经济理论与经济管理》2012 年第 12 期，第 29—41 页。

定；美国为28%左右，日本为30%左右，德国为26%左右①。

由表7—6可知，在研究我国物质资本存量的各大学者中，方法较统一，均使用物质资本存量计算的永续盘存法（PIM），而不同的学者依据不同的指标计算出的我国资本存量值相差甚大。其中学者张军等与邹至庄计算值最大，高达12485.58亿元与14112亿元，而孙琳琳等与单豪杰计算值最小，为5800亿元与5847.89亿元（均为1978年价），最大值是最小值的2.43倍。

表7—6　**各学者计算资本存量值对比**

计算年份	作者	资本存量值（亿元）	备注
1978	孙琳琳、任若恩	5800	1978年价
1978	单豪杰	5847.89	1978年价
1978	邹至庄	14112	1978年价
1978	张军、章元	12485.58	1978年价
1978	古明明、张勇	10131.13	1978年价
1978	黄梅波、吕朝凤	7468.28	1978年价
1978	贺菊煌	8617.87	1978年价

（二）折旧额（或折旧率）的确定

计算物质资本存量时，折旧率是一个重要的变量，而对于重置和折旧的区别早在1997年任若恩和刘晓生就提出重置是指生产能力的维持或恢复，即估算资本存量时有重置率②。黄勇峰和任若恩等认为只有当资产效率按照几何方式递减时，折旧率和重置率才会相等，否则并不能用重置率简单代替折旧率③。在折旧率确定中，

① 孙琳琳、任若恩：《转轨时期我国行业层面资本积累的研究——资本存量和资本流量的测算》，《经济学》2014年第13期，第837—858页。

② 任若恩、刘晓生：《关于中国资本存量估计的一些问题》，《数量经济技术经济研究》1997年第1期，第19—24页。

③ 黄勇峰、任若恩、刘晓生：《中国制造业资本存量永续盘存法估计》，《经济学（季刊）》2002年第1期，第377—396页。

我国学者有代表性的有：田椿生和刘慧勇通过计算得出全国工业企业综合折旧率如下：1953 年为 3.7%，1970 年为 4%，1977 年为 4.1%，1980 年为 4.2%[①]；邹至庄（Chow）将折旧额用国民生产总值与政府补贴的和扣除国民收入和间接税表示[②]；胡和汗（Hu & Khan）假定折旧率为 3.6%[③]；霍尔和琼斯（Hall & Jones）采用的折旧率为 6%[④]；王小鲁和樊纲等假设资本的物理折旧程度与经济增长率成正比，采用了折旧率为 5%的思想[⑤]；王和姚（Wang & Yao）同样假定折旧率为 5%[⑥]；杨（Young）假定折旧率为 6%来研究中国非农资本存量[⑦]；宋海岩和刘淄楠等同样假设资本的物理折旧程度与经济增长率成正比，用以下公式确定了实际折旧率“实际折旧率=3.6%（公布的名义折旧率）+经济增长率”[⑧]；李治国和唐国兴在计算 1994 年前的折旧额时直接借用的邹至庄计算出的折旧额，在计算 1994 年后资本存量时，全国的折旧总额是将各省的折旧额加总得到的[⑨]；王益煊和吴优给出了我国城镇住宅与非住宅建筑折旧率分别为 8%和 9%，农村住宅和其他折旧率为 1.5%，机器设备折旧率为 3.6%—23.8%[⑩]；张军和吴桂英等计算除了各省固定资

① 田椿生、刘慧勇：《论折旧》，中国财政经济出版社 1986 年版，第 44—76 页。

② Chow G. C., “Capital Formation and Economic Growth in China”, *The Quarterly Journal of Economics*, Vol. 108, No. 3, 1993, pp. 809-842.

③ Hu Z. F., Khan M. S., “Why Is China Growing So Fast?”, *Staff Papers-International Monetary Fund*, Vol. 108, No. 3, 1997, pp. 103-131.

④ Robert H., Jones C. I., “Why Do Some Countries Produce So Much More Output Per Worker than Others?”, *Quarterly Journal of Economics*, Vol. 114, No. 1, 1999.

⑤ 王小鲁、樊纲等：《中国经济增长的可持续性——跨世纪的回顾与展望》，经济科学出版社 2000 年版，第 243—364 页。

⑥ Wang, Yan and Yudong Yao, “Sources of China's Economic Growth, 1952-1999: Incorporating Human Capital Accumulation”, *World Bank Working Paper*1, 2001, pp. 32-52.

⑦ Young, Alwyn, “Gold into Base Metals: Productivity Growth in the People's Republic of China during the Reform Period”, *Journal of Political Economy*, Vol. 111, No. 6, 2003.

⑧ 宋海岩、刘淄楠等：《改革时期中国总投资决定因素的分析》，《世界经济文汇》2003 年第 1 期，第 43—56 页。

⑨ 李治国、唐国兴：《资本形成路径与资本存量调整模型——基于中国转型时期的分析》，《经济研究》2003 年第 2 期，第 34—42 页。

⑩ 王益煊、吴优：《中国国有经济固定资本存量的初步测算》，《统计研究》2003 年第 5 期，第 40—45 页。

本形成总额的经济折旧率为 9.6%，为后续研究者们所广泛使用[①]；黄勇峰和任若恩等、孙琳琳和任若恩估计了建筑安装折旧率为17%，机器设备寿命为 8%[②③]；单豪杰将我国折旧率设定为10.96%[④]；雷辉测算得到我国资本年均折旧率为 9.73%[⑤]；孙文凯等得到建筑和机器设备折旧率分别为 8%和 24%[⑥]；古明明、张勇计算出平均综合折旧率为 3.1%，1978 年之前资本年均增长率为7.5%[⑦]；陈昌兵利用生产函数构建折旧率四种模型，估计的可变资本折旧率为 5.7%左右，与固定不变折旧率基准值 5.6456%较一致[⑧]。

六 甘肃省物质资本存量的确定

我们采用永续盘存法测算资本存量：

物质资本存量包括固定资本存量和流动资本存量，可通过如下公式计算：

$$k_t = kc_t + kv_t$$

式中，k_t 表示物质资本存量，kc_t 表示固定资本存量，kv_t 表示存货增加。

① 张军、吴桂英、张吉鹏：《中国省际物质资本存量估算：1952—2000》，《经济研究》2004 年第 10 期，第 35—44 页。

② 黄勇峰、任若恩、刘晓生：《中国制造业资本存量永续盘存法估计》，《经济学(季刊)》2002 年第 1 期，第 377—396 页。

③ 孙琳琳、任若恩：《中国资本投入和 TFP 的估算》，《世界经济》2005 年第 12 期，第 3—13 页。

④ 单豪杰：《中国资本存量 K 的再估算：1952—2006 年》，《数量经济技术经济研究》2008 年第 10 期，第 17—31 页。

⑤ 雷辉：《我国资本存量测算及投资效率的研究》，《经济学家》2009 年第 6 期，第 75—83 页。

⑥ 孙文凯、肖耿、杨秀科：《资本回报率对投资率的影响：中美日对比研究》，《世界经济》2010 年第 6 期，第 3—24 页。

⑦ 古明明、张勇：《中国资本存量的再估算和分解》，《经济理论与经济管理》2012 年第 12 期，第 29—41 页。

⑧ 陈昌兵：《可变折旧率估计及资本存量测算》，《经济研究》2014 年第 12 期，第 80—84 页。

$$KV_t = 第\ t\ 年当年价格的存货增加 \times \frac{第\ t\ 年当年价格\ GDP}{第\ t\ 年\ 1978\ 年可比价格\ GDP}$$

固定资本存量用戈登史密斯在1951年创建的永续盘存法，模型如下：

$$kc_t = kc_{t-1}(1-\delta_t) + I_t$$

其中，kc_t 是第 t 年的固定资本存量，kc_{t-1} 为 $t-1$ 年时期的固定资本存量，δ_t 为第 t 年的固定资本折旧率，I_t 为第 t 年的固定资本形成额。

$$I_t = 第\ t\ 年当年固定资本形成额 \times \frac{第\ t\ 年当年价格\ GDP}{第\ t\ 年\ 1978\ 年可比价格\ GDP}$$

由于1978年以前，甘肃省固定资本投资增长速度较为缓慢，折旧也相对较少，因而本章采用张军在《中国省际物质资本存量估计：1952—2000》中所用的方法，用1978年固定资产投资额除以10%作为初始固定资本存量。关于折旧率，笔者借鉴王金营《人力资本与经济增长：理论与实证》书中的观点，将甘肃省1990年以前固定资本的折旧率定为5%，1990年以后定为5.5%。

利用式 $kc_t = kc_{t-1}(1-\delta_t) + I_t$ 以1978年可比价格逐年计算甘肃省固定资本存量（1990年之前的数据在此不列出），1990年的固定资本存量为458.7亿元，再利用式 $k_t = kc_t + kv_t$，逐年计算甘肃省物质资本存量，计算结果见表7—7、表7—8。

表7—7　　　　**1979—2010年甘肃省物质资本存量**

年份	以1978年可比价格的GDP	实际GDP	实际 I_t	可比 I_t	实际 Kv_t	可比 Kv_t	可比 Kc_t	K
1991	177.70	271.39	76.47	50.07	36.70	24.03	483.55	507.58
1992	195.27	317.79	85.73	52.68	45.17	27.76	509.63	537.38
1993	217.86	372.24	98.42	57.60	53.85	31.52	539.20	570.72
1994	241.35	453.61	116.57	62.02	60.54	32.21	571.57	603.78

续表

年份	以1978年可比价格的GDP	实际GDP	实际 I_t	可比 I_t	实际 Kv_t	可比 Kv_t	可比 Kc_t	K
1995	266.35	557.76	146.35	69.89	74.84	35.74	610.02	645.76
1996	298.21	722.52	188.67	77.87	88.79	36.65	654.34	690.99
1997	325.29	793.57	229.49	94.07	93.69	38.40	712.42	750.83
1998	356.91	887.67	258.10	103.78	108.24	43.52	777.02	820.53
1999	389.15	956.32	310.90	126.51	102.22	41.59	860.79	902.39
2000	426.90	1052.88	373.90	151.60	79.54	32.25	965.05	997.30
2001	468.58	1125.37	463.13	192.84	59.91	24.95	1104.81	1129.76
2002	514.81	1232.03	534.75	223.45	51.70	21.60	1267.49	1289.10
2003	570.10	1399.83	617.62	251.53	55.37	22.55	1449.32	1471.86
2004	635.72	1688.49	756.02	284.64	61.21	23.05	1654.25	1677.29
2005	711.04	1933.98	874.52	321.52	42.44	15.60	1884.79	1900.39
2006	792.86	2276.70	1027.78	357.92	62.95	21.92	2139.05	2160.97
2007	890.36	2702.40	1221.96	402.60	100.56	33.13	2423.00	2457.13
2008	980.65	3166.82	1493.47	462.47	127.81	39.58	2752.21	2791.79
2009	1081.55	3387.56	1788.34	570.97	127.63	40.75	3171.80	3212.55
2010	1208.85	4120.75	2177.89	638.90	165.63	48.59	3636.25	3684.84
2011	1229.61	5020.37	2685.76	657.81	186.51	45.68	4180.24	4225.92
2012	1511.69	5650.20	3128.68	837.07	169.37	45.31	5040.53	5085.84
2013	1537.14	6268.01	3649.14	894.90	126.71	31.07	6407.20	6438.27

资料来源：《中国统计年鉴》（2014年）、《甘肃发展年鉴》、《中国五十五年统计资料汇编》及《中国六十年统计资料汇编》。

表 7—8　**物质资本存量**　单位：亿元

年份	1991	1992	1993	1994	1995	1996	1997	1998
物质资本存量	507.58	537.38	570.72	603.78	645.76	690.99	750.83	820.53
年份	1999	2000	2001	2002	2003	2004	2005	2006
物质资本存量	902.39	997.30	1129.76	1289.10	1471.86	1677.29	1900.39	2160.97
年份	2007	2008	2009	2010	2011	2012	2013	
物质资本存量	2457.13	2791.79	3212.55	3684.84	4225.92	5085.84	6438.27	

资料来源：《甘肃发展年鉴 2014》、《新中国五十五年统计资料汇编》、《新中国六十年统计资料汇编》。

七　人力资本对甘肃省经济增长的弹性分析

（一）模型构建

经济增长模型中最为重要、最为常用的是柯布—道格拉斯生产函数，此函数最初是由美国数学家柯布与经济学家保罗·道格拉斯共同研究并于 20 世纪 30 年代初公之于众的，也称为生产函数模型。

生产函数模型最早是用来预测某一国家或地区的工业系统以及分析企业在生产中求发展的一种经济数学模型。道格拉斯为了使模型更加完善，便加入一个技术因素，因为在对美国经济长达 10 多年的研究中，他总结出美国制度达到成熟后，技术创新将成为新的经济增长点，从而可以得到启示：技术进步对于长期经济增长起着重要作用。

柯布—道格拉斯的生产函数基本表达式为：

$$Q = AK^{\alpha}L^{\beta}H^{\gamma}$$

其中，A 是一个与技术水平有关的参数，K 代表固定资产变量，L 代表劳动投入量，H 代表人力资本存量，$0 < \alpha < 1, 0 < \beta < 1, 0 < \gamma < 1$。

在研究甘肃人力资本对经济增长拉动程度时，本章将 K 设定为固定资本存量，L 为劳动力投入量（年末就业人员总数），H 设定为人力资本存量，α 是物质资本存量产出的弹性系数，β 是劳动力投入量的弹性系数，γ 是人力资本产出的弹性系数。从模型上看，影响经济增长的主要要素有：综合技术水平、物质资本存量、劳动力投入量和人力资本存量四大方面。而根据 α 、β 、γ 的不同组合我们又可以看出此时的人力资本投入、物质资本的投入与劳动力投入量比是否满足当时的经济环境，大致可以根据 α 、β 、γ 值的不同将其分为三种类型。

（1）$\alpha+\beta+\gamma>1$，此时称为递增报酬型，表明按照现有的技术水平，加大生产规模来增加产出是有利的；

（2）$\alpha+\beta+\gamma<1$，此时称为递减报酬型，表明按照现有的技术水平，加大生产规模来增加产出是无意义的，且得不偿失；

（3）$\alpha+\beta+\gamma=1$，此时称为不变报酬型，表明生产效率并不会随生产规模的扩大而加速，相反也不会随着生产规模的缩小而减慢，此时只有提高技术水平，才会对经济的快速发展起到正效应。

结合甘肃省近些年的人力资本存量与物质资本存量投资的具体情况，可以建立如下模型：

$$Q = AK^{\alpha}L^{\beta}H^{\gamma}$$

对该模型做对数变换，得到对参数而言的对数线性生产函数，即模型：

$$\ln Q=\ln A+\alpha\times\ln K+\beta\times\ln L+\gamma\times\ln H$$

由 $Q = AK^{\alpha}L^{\beta}H^{\gamma}$ 知 $\frac{\partial Q}{\partial K} = A\alpha K^{\alpha-1}L^{\beta}H^{\gamma}$ ，$\frac{\partial Q}{\partial L} = A\beta K^{\alpha}L^{\beta-1}H^{\gamma}$ ，$\frac{\partial Q}{\partial H} = A\gamma K^{\alpha}L^{\beta}H^{\gamma-1}$ ，故 $E_K = \frac{\partial Q}{\partial K}\times\frac{K}{Q} = A\alpha K^{\alpha-1}L^{\beta}H^{\gamma}\times\frac{K}{Q} = \alpha$ ；同理可得 $E_L = \frac{\partial Q}{\partial L}\times\frac{L}{Q} = A\beta K^{\alpha}L^{\beta-1}H^{\gamma}\times\frac{K}{Q} = \beta$ ；$E_H = \frac{\partial Q}{\partial H}\times\frac{H}{Q} = A\gamma K^{\alpha}L^{\beta}H^{\gamma-1}\times\frac{H}{Q} = \gamma$ 。即 α 为产出对物质资本的弹性，β 为产出对劳动力投入的弹性，γ 为产出对人力资本的弹性系数。

（二）人力资本与物质资本对经济增长的弹性

由于本章着重考察人力资本和物质资本对经济增长的弹性，因而暂不考虑科技进步对经济增长的贡献。根据需要，笔者以 1978 年可比价格计算了 1991—2013 年的 GDP，结合上述人力资本和物质资本存量计算数据（见表7—5及表7—8），利用SPSS 19.0软件，对1991—2013年时间序列进行数据拟合（见表7—9）。变量中GDP是以1978年为基年的甘肃省GDP，*K*值是上文计算出的甘肃省资本存量，*L*值取甘肃省各年年末就业人员总数，*H*值为上文中计算出的人力资本存量得分。

为了对实际数据消除量纲的影响，对以1978年价的GDP、年末就业人员总数和甘肃省资本存量数据进行求对数处理；而人力资本存量数据是得分数据，无量纲影响，所以不做对数处理，将得分整体按对数值对待进行回归计算。以1978年价的GDP对数为因变量，资本存量的对数值、年末就业人员总数对数值及人力资本存量得分数据为自变量做多元线性回归，回归结果中显示，拟合度$R^2=0.995$模型有限性检验*F*检验值为1327.448（P=0.000），在1%的显著性水平下显著，模型整体有效。对于回归方程中系数的*t*检验值均通过1%的显著性水平下显著。

表7—9　**人力资本与物质资本整合数据**

年份	GDP值	K值	L值	H值	年份	GDP值	K值	L值	H值
1991	177.7	507.58	1302.4	521.04	2003	570.1	1471.86	1510.85	927.52
1992	195.27	537.38	1305.9	547.63	2004	635.72	1677.29	1520.46	940.84
1993	217.86	570.72	1417.8	601.64	2005	711.04	1900.39	1391.36	950.97
1994	241.35	603.78	1438.81	762.09	2006	792.86	2160.97	1401.36	1017.24
1995	266.35	645.76	1483.32	801.29	2007	890.36	2457.13	1414.76	1154.8
1996	298.21	690.99	1521.46	764.22	2008	980.65	2791.79	1446.34	1263.17
1997	325.29	750.83	1530.32	779.12	2009	1081.55	3212.55	1488.63	1339.69
1998	356.91	820.53	1539.8	800.67	2010	1208.85	3684.84	1499.56	1336.31
1999	389.15	902.39	1489	811.46	2011	1229.61	4225.92	1500.26	1418.39
2000	426.9	997.3	1476.45	846.39	2012	1511.69	5085.84	1491.59	1494.79
2001	468.58	1129.76	1488.93	915.48	2013	1537.14	6438.27	1504.97	1632.84
2002	514.81	1289.1	1500.59	928.59					

拟合方程为：

$$\ln GDP = -6.501 + 0.792\ln K + 0.755\ln L + 0.289\ln H$$

标准化系数中物质资本弹性为 0.847，劳动力弹性为 0.051，人力资本弹性为 0.133，和为 1.031，即为规模报酬基本不变，略有增加。数据说明甘肃省经济增长主要是物质资本投入形成，人力资本贡献远小于物质资本。

（三）人力资本对甘肃省经济增长弹性数据分析

由上部分的结果不难看出，在甘肃省，物质资本对经济增长的拉动程度远大于人力资本对经济的拉动程度的。探究其原因，可以大致归为两点。

1. 物质资本的过高投入

对于经济欠发达地区，经济的主要拉动力仍未摆脱物质资本的高投入，没有真正意识到人力资本对于物质资本的替代作用，这一点与其所处的位置也是有直接关系的。因为对于物质的投入是可以在一段较短的时间就看到成效的，而对于人力资本的投入是需要较漫长的时间才能看到经济的有效增长。在欠发达的地区经济的扩张常常是较低水平的，所以会导致经济增长在长时间内不见起色，最终形成恶性循环促使经济不能健康稳定地发展。

2. 人力资本作用发挥受限

甘肃省每万人口中人才数量为 364 人，低于全国 487 人的平均数。按照教育部 2014 年公布的全国高等学校名单，截至 2014 年 7 月 9 日，全国高等学校（不含独立学院）共计 2542 所，其中：普通高等学校 2246 所（包括民办普通高校 444 所），成人高等学校 296 所（包括民办成人高校 1 所）。而甘肃省共有 38 所普通高等学校（不含独立学院）、6 所成人高等学校入列，加上现有的 5 所独立学院，甘肃省现有高等学校 49 所。甘肃省在高校数量、培养规模、拥有的专业技术人才数量、医疗投资等各方面投入都落后于东部经济发达地区。

通过对甘肃省部分企事业及国有单位进行调查问卷，得知人才流失的主要方式与原因如下。

(1) 高校人才流失严重。首先，自然环境因素。甘肃许多地区干旱少水，再加上不能好好保护环境，使得生态环境系统遭到严重破坏，造成已有资本的严重损失，本地毕业的高学历人才也都选择“孔雀东南飞”。其次，社会环境因素。市场机制的主体是价格机制，据统计西部与东部高校待遇相差7—8倍，虽然近些年国家给西部教育投资，优化了西部高教待遇，但是相比而言仍处劣势。

(2) 国有企事业单位人才流失严重。首先，激励机制不健全。平均主义严重，绩效考核不严谨，这些因素势必导致员工工作倦怠，使优秀员工无“用武之地”。其次，个人心理因素。人云亦云情况严重，听到别人说“外面的风景好”，不顾一切地出去见识见识，对自己现有工作产生抵触心理，从而导致工作效率降低，最终离职。

(3) 医疗、教育仍存在“盲点”。甘肃省财政对教育、文化、卫生、科技的投入目前还处于相对较低的水平，不能满足人力资本投资的需要。近些年甘肃省已经加大对教育的投入和重视，但仍有偏远山区儿童及未成年人未受到教育的“辐射”。

(四) 政策建议

为了提高人力资本投资力度，应做到以下几点。

1. 教育方面

(1) 进一步加大教育投资。当今社会要求的已不是“让一部分人先富起来”，而是追求共同致富，协调发展。而甘肃省欠发达地区的硬件设施和软件设施均达不到全国的平均水平，因此国家应该采取一些倾斜政策。在物质和政策上加大扶持力度，加大对基础教育、高等教育、职业教育、继续教育等中、低、高等教育的投资，尤其对于普及教育的投资更为重要。对于西部受教育年限的辐射区域要扩大，投资做到地域均衡，只有这样，才能留住人才、利用人才，使西部人力资本作用发挥，缩小落后地区与发达地区的教育差距，从而形成良性循环，最终促进经济的平稳发展。

(2) 提高西部办学水平。整体提升西部的办学水平，从提升低等教育做起，依次提升中、高等教育，尤其是普及教育阶段更为重要。让学生扩大学术科研知识面，增强各地与西部的文化交流，有效地促进教学发展，提高西部落后地区的教育水平，为西部的强劲发展奠定坚实的基础。

（3）改变应试倾向。改变应试倾向对于西部人力资本发展极为重要。较偏的地理位置限制了西部与其他地区的人才交流，限制了人力资本作用的发挥，也日渐对于不变的应试教育甚为不适，造成西部人力资本存量略少、质量稍低的局面，改变应试倾向对于西部人力资本的发展起着不容忽视的作用。

2. 福利政策方面

（1）对于民营企业加大政策扶持力度；对于创新型人才加大物质激励，适当拉开高技术人才与普通工人的收入差距，这样不但可以吸引人才、留住人才，而且还能在一定程度上调动员工的积极性，促进创新。在物质激励的同时要奖罚分明，激励机制与约束机制共同实施，保证员工正常的福利。

（2）培养企业文化，改善工作环境，并对员工进行适当的减压，让员工身心愉悦地投入到工作中，提高工作效率，并对企业产生一种归属感。

（3）对于员工的继续教育培训工作要加大扶持力度，给予经济及物质的扶持。员工的继续教育是员工与时俱进必不可少的一步，员工如能及时更新所掌握信息与文化知识，其在企业中的作用发挥亦可提升。

3. 人力资本整合方面

（1）对现有企业的人力资源进行合理的人才规划和公正的管理，实现国有企业人才的引进和留住人才的目标，充分激发各级人才的潜能，大胆创新，建立有效的绩效管理机制，并给人才提供一个比较好的发展环境。

（2）建立人力资本的共享平台。企业给员工提供更多的交流机会，东、中、西部要加强人才与信息资源的共享，促进各区域的共同进步。各高校进行人力资本共享，及时提升高校整体人力资本水平。

附　录

企业科技创新人才工作满意度调查问卷

1．您对您目前工作状况的评价是？（5 分很满意，1 分不满意）

	很满意（5）	满意（4）	一般（3）	不太满意（2）	不满意（1）
工作环境					
工资及福利					
晋升制度					
企业文化					
同事关系					
工作成就					
发展空间					
培训机会					
科研经费					
科研奖励					

2．到目前为止，您承担的科研任务占用了您工作时间的（　）。

A．0—25%　　B．25%—50%　　C．50%—75%

D．75%—100%　　E．100%以上

3．科研任务完不成对您的影响是（　）。

A．奖金、津贴减少　　B．工资减少　　C．晋升缓慢

D．福利减少　　E．没什么影响

4. 在工作中您的创造性潜力发挥了（　）。

A. 0—25%　　B. 25%—50%　　C. 50%—75%

D. 75%—100%　　E. 100%以上

5. 您承担的科研任务（或项目）的来源是（　）。

A. 国家　　B. 省、部　　C. 市或地相关部门

D. 企业安排　　E. 自主安排

6. 您认为科研工作人员理想的月工资收入应是（　）。

A. 2000—2999 元　　B. 3000—3999 元　　C. 4000—4999 元

D. 5000—7999 元　　E. 8000 元以上

7. 您目前的月工资收入是（　）。

A. 2000 元以下　　B. 2000—2999 元　　C. 3000—3999 元

D. 4000—4999 元　　E. 5000 元以上　　F. 其他（请注明）

8. 请找出最影响您工作积极性的五个事件，并排序（　）。

事件	第一	第二	第三	第四	第五
不能分享研发成果收益					
收益分配不均					
研发自主性低					
研发费用不足					
工作环境恶劣					
成果排位领导总是居前					
职业晋升渠道不畅					
科研管理制度不合理					
发展空间小					
其他（请注明）					

9. 您认为您所在的企业科研开发管理工作中存在的最主要的三个问题是（　）。

A. 重视程度不够　　B. 科研收益分配不合理

C. 科研人员工作积极性未调动起来　D. 研发费用不足

E. 缺少科研开发文化　　　　F. 科研开发未按市场需要进行

G. 科研工作成果鉴定方法不合理　　H. 未建成良好的研发团队

I. 其他（请注明）

10. 您认为企业在提高科研人员工作积极性方面应开展哪些工作？

11. 从政府层面来看，为促进研发人员积极从事开发工作，您认为相关管理部门应该开展哪些工作，制定哪些管理政策？

参考文献

1. ［古希腊］柏拉图：《理想国》，郭斌、张竹明译，商务印书馆 1999 年版。

2. ［古希腊］亚里士多德：《尼各马可伦理学》，廖申白译，商务印书馆 1933 年版。

3. ［英］威廉·配第：《政治算数》，陈冬野译，商务印书馆 1978 年版。

4. ［英］亚当·斯密：《国民财富的性质和原因的研究》，郭大力等译，商务印书馆 1964 年版。

5. ［英］大卫·李嘉图：《政治经济学及赋税原理》，郭大力等译，商务印书馆 1976 年版。

6. ［美］约瑟夫·熊彼特：《经济发展理论》，何畏等译，商务印书馆 1979 年版。

7. ［英］约翰·穆勒：《约翰·穆勒自传》，郑晓岚译，华夏出版社 2007 年版。

8. 张光照、张力士：《西方马克思主义经济学》，经济科学出版社 2001 年版。

9. ［美］西奥多·W. 舒尔茨：《论人力资本投资》，吴珠华等译，北京经济学院出版社 1990 年版。

10. ［美］雅各布·明赛尔：《人力资本研究》，张凤林译，中国经济出版社 2001 年版。

11. ［美］爱德华·富尔顿·丹尼森：《美国经济增长因素和我们面临的选择》，经济发展出版社 1962 年版。

12. 沈利生、朱运法：《人力资本与经济增长分析》，社会科学文献出版社 1999 年版。

13. 周天勇：《劳动与经济增长》，上海人民出版社 1995 年版。

14. 经济合作与发展组织：《研究与发展调查手册》，新华出版社 2000 年版。

15. ［美］加里·S. 贝克尔：《人力资本》，梁小民译，北京大学出版社 1987 年版。

16 联合国教科文组织：《科技活动统计手册》，新华出版社 1984 年版。

17. 张尧庭：《多元统计分析选讲》，中国统计出版社 2003 年版。

18. 侯亚非：《人口质量与经济增长方式》，中国经济出版社 2000 年版。

19. 王金营：《人力资本与经济增长：理论与实证》，中国财政经济出版社 2001 年版。

20. 王小鲁、樊纲：《我国工业增长的可持续性》，经济科学出版社 2000 年版。

21. 左大培：《内生稳态增长模型的生产结构》，中国社会科学出版社 2005 年版。

22. ［美］彼得·F. 德鲁克：《管理实践》，帅朋等译，工人出版社 1989 年版。

23. ［美］贝克尔：《西方教育经济学流派》，曾满超等译，北京师范大学出版社 1990 年版。

24. 中华人民共和国国家统计局：《中国统计年鉴（2013）》

25. 国家统计局、科学技术部：《中国科技统计年鉴（2013）》。

26. 国家统计局、国家发展和改革委员会：《2013 工业企业科技活动统计资料》。

27. 甘肃省科学技术厅、甘肃省教育厅、甘肃省统计局：《2014 甘肃省科技统计年鉴》。

28. 甘肃省教育厅：《甘肃省教育统计年鉴》。

29. 中国科协调研宣传部、中国科协发展研究中心：《中国科技人力资源发展研究报告》，中国科学技术出版社 2013 年版。

30. 董景荣：《技术创新过程管理—理论、方法及实践》，重庆出版社 2000 年版。

31. 傅家骥：《技术创新学》，清华大学出版社 2000 年版。

32. 罗志如：《当代西方经济学说（下）》，北京大学出版社 1989 年版。

33. 甘肃省人口普查办公室：《甘肃省 2000 年人口普查资料》，中国统计出版社 2002 年版。

34. 甘肃省人口普查办公室：《甘肃省 2010 年人口普查资料》，中国统计出版社 2012 年版。

35. 黄勇峰、任若恩、刘晓生：《中国制造业资本存量永续盘存法估计》，《经济学（季刊）》2002 年第 1 期。

36. 宋海岩、刘淄楠等：《改革时期中国总投资决定因素的分析》，《世界经济文汇》2003 年第 1 期。

37. 李治国、唐国兴：《资本形成路径与资本存量调整模型——基于中国转型时期的分析》，《经济研究》2003 年第 2 期。

38. 王益煊、吴优：《中国国有经济固定资本存量的初步测算》，《统计研究》2003 年第 5 期。

39. 孙琳琳、任若恩：《中国资本投入和 TFP 的估算》，《世界经济》2005 年第 12 期。

40. 雷辉：《我国资本存量测算及投资效率的研究》，《经济学家》2009 年第 6 期。

41. 孙文凯、肖耿、杨秀科：《资本回报率对投资率的影响：中美日对比研究》，《世界经济》2010 年第 6 期。

42. 苏雪串、徐大佑：《论人力资本与经济发展》，《云南财贸学院学报》1997 年第 6 期。

43. 赵曙明、陈天渔：《经济增长方式转型与人力资本投资》，《江苏社会科学》1998 年第 1 期。

44. 李涛：《我国 35 个大中城市人力资本投资实证分析》，《中国管理科学》2004 年第 4 期。

45. 刘迎秋：《论人力资本投资及其对中国经济成长的意义》，《管理世界》1999 年第 3 期。

46. 陆根尧：《经济增长中的人力资本效应——对中国高速增长

区域的统计分析》，《统计研究》2002 年第 10 期。

47. 陈昌兵：《可变折旧率估计及资本存量测算》，《经济研究》2014 年第 12 期。

48. 赵晟、张则奎：《西北五省区人力资本存量及投资现状分析》，《西北人口》2004 年第 2 期。

49. 黄维德：《上海人力资本积累现状分析》，《上海经济研究》2001 年第 9 期。

50. 赖德胜、王兆斌：《深圳经济快速增长的人力资本成因》，《广东社会科学》1998 年第 2 期。

51. 陈宪：《论生产要素意义上的人力资本》，《学术月刊》2003 年第 8 期。

52. 宋刚、唐蔷、陈锐、纪阳：《复杂性科学视野下的科技创新》，《科学对社会的影响》2008 年第 2 期。

53. 吴康宁：《创新人才培养究竟需要什么样的大学》，《高等教育》2013 年第 1 期。

54. 王金利：《企业高技能型人才培养机制构建新探》，《现代财经》2006 年第 2 期。

55. 孙峰：《科技机构中科技创新人员的激励机制研究》，《企业科技与发展》2008 年第 6 期。

56. 林海明：《对主成分分析法运用中十个问题的解析》，《统计与决策》2007 年第 8 期。

57. 李治国、唐国兴：《资本形成路径与资本存量调整模型——基于中国转型时期的分析》，《经济研究》2003 年第 3 期。

58. 贺菊煌：《固定资产实际净值率的估算》，《数量经济技术经济研究》1992 年第 12 期。

59. 孙兰学：《科技创新指标的设计和评价》，《中国统计》2007 年第 3 期。

60. 陈永正：《微软靠什么激励人才持续创新?》，《中外管理》2007 年第 1 期。

61. 董青、崔明、张亚芳：《成长型中小企业人力资源管理制度建设探究》，《科技管理研究》2007 年第 2 期。

62. 杜谦、宋卫国：《科技人才定义及相关统计问题》，《中国科技论坛》2004 年第 5 期。

63. 李跃：《中小企业技术创新的内部激励机制研究》，《科学管理研究》2005 年第 8 期。

64. 沈坤荣：《人力资本积累与经济持续增长》，《生产力研究》1997 年第 2 期。

65. 赵曦：《人力资本理论与反贫困问题研究》，《改革战略》1997 年第 4 期。

66. 徐明生：《我国各省市的人力资本投入比较》，《博士论坛》2003 年第 5 期。

67. 余志良、谢洪明：《技术创新政策理论的研究评述》，《科学管理研究》2013 年第 6 期。

68. 蔡增正：《教育对经济增长贡献的计量分析——科教兴国战略的实证依据》，《经济研究》1999 年第 2 期。

69. 胡鞍钢：《大国兴衰与人力资本变迁》，《教育研究》2003 年第 4 期。

70. 周晓、朱农：《论人力资本对中国农村经济增长的作用》，《中国人口科学》2003 年第 2 期。

71. 刘方龙、吴能全：《“就业难”背景下的企业人力资本影响机制——基于人力资本红利的多案例研究》，《管理世界》2013 年第 12 期。

72. 朱平芳、徐大丰：《中国城市人力资本的估算》，《经济研究》2007 年第 9 期。

73. 钱晓烨、迟巍、黎波：《人力资本对我国区域创新及经济增长的影响——基于空间计量的实证研究》，《数量经济技术经济研究》2010 年第 4 期。

74. 蔡昉、王德文：《中国经济增长可持续性与劳动贡献》，《经济研究》1999 年第 10 期。

75. 胡鞍钢：《从人口大国到人力资本大国：1980—2000 年》，《中国人口科学》2002 年第 5 期。

76. 刘海英、赵英才、张纯洪：《人力资本“均化”与中国经济增长质量关系研究》,《管理世界》2004 年第 14 期。

77. 周德禄:《基于人口指标的群体人力资本核算理论与实证》,《中国人口科学》2005 年第 3 期。

78. 姚先国、张海峰:《教育、人力资本与地区经济差异》,《经济研究》2008 年第 5 期。

79. 史修松、赵曙东:《中国经济增长的地区差异及其收敛机制(1978—2009 年)》,《数量经济技术经济研究》2011 年第 1 期。

80. 王小鲁:《中国经济增长的可持续性与制度变革》,《经济研究》2000 年第 10 期。

81. 岳书敬、刘朝明:《人力资本与区域全要素生产率分析》,《经济研究》2006 年第 4 期。

82. 郭庆旺、贾俊雪:《公共教育政策、经济增长与人力资本溢价》,《经济研究》2009 年第 9 期。

83. 焦斌龙、焦志明:《中国人力资本存量估算:1978 ~ 2007》,《经济学家》2010 年第 8 期。

84. 焦斌龙:《人力资本对居民收入差距影响的存量效应》,《中国人口科学》2011 年第 5 期。

85. 蔡昉:《中国地区经济增长的趋同与差异——对西部开发战略的启示》,《经济研究》2000 年第 10 期。

86. 乔红芳、沈利生:《中国人力资本存量的再估算:1978—2011 年》,《上海经济研究》2015 年第 7 期。

87. 张军、章元:《对中国资本存量 K 的再估计》,《经济研究》2003 年第 7 期。

88. 柯善咨、向娟:《1996—2009 年中国城市固定资本存量估算》,《统计研究》2012 年第 29 期。

89. 贺菊煌:《我国资产的估算》,《数量经济与技术经济研究》1992 年第 8 期。

90. 唐志宏:《中国平均利润率的估算》,《经济研究》1999 年第 5 期。

91. 张军、吴桂英、张吉鹏:《中国省际物质资本存量估算:1952—2000》,《经济研究》2004 年第 10 期。

92. 郭庆旺、贾俊雪：《中国潜在产出与产出缺口的估算》，《经济研究》2004年第5期。

93. 单豪杰：《中国资本存量K的再估算：1952—2006年》，《数量经济技术经济研究》2008年第10期。

94. 黄梅波、吕朝凤：《中国潜在产出的估计与“自然率假说”的检验》，《数量经济技术经济研究》2010年第7期。

95. 古明明、张勇：《中国资本存量的再估算和分解》，《经济理论与经济管理》2012年第12期。

96. 孙琳琳、任若恩：《转轨时期我国行业层面资本积累的研究——资本存量和资本流量的测算》，《经济学》2014年第13期。

97. 任若恩、刘晓生：《关于中国资本存量估计的一些问题》，《数量经济技术经济研究》1997年第1期。

98. 池仁勇：《区域中小企业创新网络的结点联结及其效率评价研究》，《管理世界》2007年第1期。

99. 童汝根、朱晓玲、丘创彪：《科技型企业的人性化管理探讨》，《中国人力资源开发》2007年第4期。

100. Kendrick, J. W., *The Formation and Stocks of Total Capital*, Columbia University Press, 1976.

101. Mansfielde, *Industrial research and technological invovation*, New York: WW. Norton, 1968.

102. C. Freman, *The economics of industrial inovation* (2th ed.), Boston: The MIT Press, 1982.

103. Becker G. S., *Human capital and the personal distribution of income: An analytical approach*, Institute of Public Administration, 1967.

104. Trinh Le, John Gibson, and Les Oxley, "Cost and Income-based Measures of Human Capital", *Journal of Economic Surveys*, Vol. 17, No. 3, 2003.

105. Chow G. C., "Capital formation and economic growth in China", *The Quarterly Journal of Economics*, Vol. 108, No. 3, 1993.

106. Farr W., "Equitable Taxation of Property", *Journal of Royal Statistics*, Vol. 16, No. 1, 1853.

107. Fisher I., "Are Savings Income", *American Economic Association Quarterly*, Vol. 32, No. 1, 1908.

108. Gregory C. Chow, "Capital formation and economic growth in China", *The Quarterly Journal of Economics*, Vol. 108 , No. 3, 1993.

109. Robert H. and Jones C. I., "Why do Some Countries Produce So Much More Output Per worker than Others?", *Quarterly Journal of Economics*, Vol. 114, No. 1, 1999.

110. Wang, Yan and Yudong Yao, "Sources of China's Economic Growth, 1952~1999: Incorporating Human Capital Accumulation", *World Bank Working Paper*, 2001.

111. Young and Alwyn, "Gold into Base Metals: Productivity Growth in the People's Republic of China during the Reform Period", *Journal of Political Economy*, Vol. 111, No. 6, 2003.

112. Romer and Paul, "Increasing Returns and Long-Run Growth", *Journal of Political Economy*, Vol. 94, No. 10, 1986.

113. Stokey N., "Human Capital, Product Quality, and Growth", *The Quarterly Journal of Economics*, No. 2, 1991.

114. Becker Gary S. and Murphy Kevin M., "The Division of La-bor, Coordination Costs, and Knowledge", *The Quarterly Jour-nal of Economics*, Vol. 107, No. 4, 1992.

115. Rebelo S., "Long-run policy analysis and long-run growth", *Journal of Political Economy*, Vol. 99, No. 3, 1991.

116. Chow G. C., "Capital Formation and Economic Growth in China", *The Quarterly Journal of Economics*, Vol. 108, No. 3, 1993.

117. Goldsmith and Raymond W. "A Perpetual Inventory of National Wealth NBER Studies in Income and Wealth", *National Bureau of Economic Research*, Vol. 14, 1951.

118. Castello, A. and R. Domenech, "Human Capital Inequality and Economic Growth: Some New Evidence", *The Economic Journal*, Vol. 112, No. 2, 2002.

119. Barro R. J., "Economic Growth in a Gross Section of Countries",

The Quarterly Journal of Economics, Vol. 106, No. 2, May 1991.

120. Mankiw G. N., Romer, D. and Weil D. N. A., "Contribution to the Empirics of Economic Growth", *Quarterly Journal of Economics*, Vol. 107, No. 2, 1992.

121. Azariadis C. Drazen A, "Threshold externalities in economic development", *The Quarterly Journal of Economics*, Vol. 105, No. 2, 1990.

122. Change E. T., "Endogenous Technological Change", *Journal of Political Economy*, Vol. 98, No. 5, 1990.

123. Uzawa, H., "Optimum Technical Change in an Aggregative Model of Economic Growth", *International Economic Review*, Vol. 6, No. 1, 1965.

124. Schultz T. W., "Investment in human capital", *The American Economic Review*, 1961.

125. T. W. Schultz, "The value of the ability to deal with disequilibria", *Journal of economic literature*, Vol. 13, 1975.

126. Lucas Jr R. E., "On the Mechanics of Economic Development", *Journal of Monetary Economics*, Vol. 22, 1988.

127. Romer Paul M., "Endogenous Technological Change", *Journal of Political Economy*, Vol. 98, No. 5, 1990.

128. Barro R. J., "Economic Growth in a Gross Section of Countries", *Quarterly Journal of Economics*, Vol. 106, 1991.

129. Lucas Jr R. E., "On the Mechanics of Economic Development", *Journal of Monetary Economics*, 1988.

130. Barro R. J. and Lee J. W., "International Comparisons of Educational Attainment", *Journal of Monetary Economics*, No. 32, 1993.

131. O'Neill D., "Education and income growth: Implications for cross – country inequality", *Journal of Political Economy*, Vol. 103, No. 12, 1995.

132. Temple J., "A positive effect of human capital on growth", *Economics Letters*, Vol. 65, No. 1, 1999.

133. Weisbrod B. A., "The Valuation of Human Capital", *The Jour-*

nal of Political Economy, Vol. 69, 1961.

134. Brealey R. A., Hodges S. D., Capron D., "The Return on Alternative Sources of Finance", *The Review of Economics and Statistics*, No. 58, 1976.

135. Kendrick, J. W., "Total Capital and Economic Growth", *Atlantic Economic Journal*, No. 22, 1994.

136. Baumo, W., Heim, P., Malkie, B. and Quandt, R., "Earnings retention, new capital and the growth of the Firm", *Review of Economics and Statistics*, Vol. 52, No. 4, 1970.

137. Jorge Alves, Maria José Marques, Irina Saur and Pedro Marques, "Creativity and Innovation through Multidisciplinary and Multisectoral Cooperation", *Creativity and Innovation Management*, Vol. 16, No. 1, 2007.

后　记

改革开放30多年，在中央政府西部大开发政策、“一带一路”战略指导下，甘肃省经济发展取得了可喜的成果，但发展速度一直落后于沿海经济发达地区，甚至落后于青海等西部省份。经济发展滞后的原因众多，人力资源结构与质量落后无疑是最重要的原因之一。深入分析甘肃省人力资源数量、结构与质量，解读甘肃省人力资本对经济发展的作用对甘肃省经济可持续发展意义重大。

本书基于2000年第五次人口普查和2010年第六次人口普查的数据，全面系统地描述了甘肃省人力资源结构动态变化，对甘肃省人力资源的年龄结构、性别结构、学历结构、地区结构、就业人员的产业结构进行了解读和对比分析，指出了甘肃省人力资源结构存在的问题；对退休人力资源结构进行了深入研究，提出了在老龄化日益严峻的趋势下，退休人力资源开发相关政策；估算了甘肃省科技创新人才数量，通过不同省份科技创新人才工作成果对比分析及甘肃省科技创新人才工作积极性问卷调查，揭示了甘肃省科技创新人才管理与激励存在的问题并提出解决问题的政策建议；测算了甘肃省物质资本和人力资本存量以及人力资本对经济增长的弹性。

研究工作起始自2007年，持续近10年，其中得到了同事及研究生的大力支持与帮助。蔺晓霞、张伟、吴思、高腾飞、杨芳、陈久文、丁娜、叶玉静在数据搜集、分析与图表制作中付出了辛勤的劳动。感谢同事及研究生们的支持！

还要感谢参与问卷调查的科技创新人才在忙碌的工作中接受问卷调查和访谈，使得调查数据较为真实可靠。

衷心感谢西北师范大学的领导，社科文库为本书出版提供了资金支持，使得多年研究成果得以形成铅字出版。

学业发展无止境，本书出版是未来研究工作的起点，“路漫漫其修远兮，吾将上下而求索”。

作者

2016 年 9 月 6 日